每天一堂人文常识课

译夫◎编著

国家一级出版社 中国纺织出版社 全国百佳图书出版单位

内 容 提 要

人文是人类创造的精华，是人类智慧的结晶，是人类文明的结果。人文的范围很广泛，它包括人创造的一切东西，用简单的话来说，就是除了自然之外的一切都是人文，人文关系到我们生活中的方方面面。

本书是一本浓缩了中华人文精华的读本，从常识趣闻、远古传说、宫廷文化、风俗文化、节日文化等方面选取知识点汇编成一道人文盛宴，内容充实丰富，带领我们步入中华文化的殿堂，从而帮助我们了解更多的中华人文知识，提升自身文化素质。

图书在版编目（CIP）数据

每天一堂人文常识课／译夫编著.—北京：中国纺织出版社，2019.3

ISBN 978-7-5180-5735-1

Ⅰ.①每… Ⅱ.①译… Ⅲ.①人文科学—通俗读物 Ⅳ.①C49

中国版本图书馆CIP数据核字（2018）第280498号

责任编辑：闫 星　　特约编辑：王佳新　　责任印制：储志伟

中国纺织出版社出版发行

地址：北京市朝阳区百子湾东里A407号楼　邮政编码：100124

销售电话：010—67004422　传真：010—87155801

http：//www.c-textilep.com

E-mail：faxing@c-textilep.com

中国纺织出版社天猫旗舰店

官方微博http：//weibo.com/2119887771

三河市延风印装有限公司印刷　各地新华书店经销

2019年3月第1版第1次印刷

开本：710×1000　1/16　印张：15

字数：186千字　定价：39.80元

前言

我们都知道，中华民族历史悠久，中华文明是世界最古老的文明之一，也是世界上持续时间最长的文化。梁启超在其写于1900年的《二十世纪太平洋歌》中认为“地球上古文明国家有四国中国、印度、埃及、小亚细亚是也”。这里，我们就看到了中华文明的深远。如从黄帝时代算起，已经有五千年的历史了，这就是人们经常说的“上下五千年中华文明。”五千年历史，人文知识灿若星河。

那么，何谓人文呢？人文就是人类文化中的精华部分，它集中体现在重视人，尊重人，关心人，爱护人。简而言之，人文，即重视人的文化。

人文，是一个动态的概念。《辞海》中这样写道：“人文指人类社会的各种文化现象”。我们知道，文化是人类或者一个民族、一个人群共同具有的符号、价值观及其规范。符号是文化的基础，价值观是文化的核心，而规范，包括为规范、道德规范和法律规范则是文化的主要内容。

一般而言，常识性的人文文化包括了四个层次：

一是物态文化层。这是人类在长期改造客观世界的活动中所形成的一切物质生产活动及其产品的总和，是文化中可以具体感知的、摸的着、看的见的东西，是具有物质形态的文化事物。

二是制度文化层。这是人类为了自身生存、社会发展的需要而主动创制出来的有组织的规范体系。其中包括了社会经济制度、婚姻制度、家族制度、政治法律制度、家族、民族、政治、经济、宗教社团、教育、艺术组织等。

三是行为文化层。指人们在生活、工作之中所贡献的，有价值的，促进文明、文化以及人类社会发展的经验及创造性活动。具有鲜明的民族、地域特色。

四是心态文化层。这是由人类实践和意识活动中经过长时间孕育而最终形成的价值观念、审美情趣、思维方式等。当然，这也是文化的核心部分。

我们都知道，任何一个人都应该积累知识，拥有的知识越扎实，赢的实力就越大。掌握了一定的人文知识，不仅可以丰富其自身知识储备，开阔其视，还有助于提升其人文素质，提升其文化涵养，还能帮助其树立正确的人生观和价值观。

中华文化博大精深、包罗万象，我们有必要全面系统地了解中华人文常识的知识，而本书就是这样一本中华人文常识集锦，本书囊括了最为精华的常识趣闻、远古传说、宫廷文化、风俗文化、节日文化、服饰知识、建筑文化、饮食起居文化、宗教文化、古代交通、古代哲学、古代文学、古代历史、古代音乐、古代天文、古代医学等多方面多角度的内容，内容深入浅出，颇具趣味性，引领我们去深层次了解中华人文的精神内涵，帮助我们完善自身知识储备，拓展我们的文化视野。

编著者

2018年6月

目录

第1章　姓氏称呼

古代姓、氏有别，氏是姓的支系。同一个姓的人，子孙繁衍，分支散居各地，每支各取一个称号，这个称号就是“氏”。其作用是表明子孙的近祖是谁。在称呼一个人时，古人有他们的“省称”法：女子只称其姓，男子只称其氏。

家谱——中国特有的文化遗产

我们知道，中国人十分重视姓，同姓的人都喜欢群居，代代相传，于是便形成了一个家族的家族史。后代的人为了找到同宗同族有血缘关系的同姓，于是产生了家谱。

家谱是中国特有的文化遗产，属珍贵的人文资料，对于历史学、民俗学、人口学、社会学和经济学的研究有很大帮助，有其不可替代的功能。

家谱中所保存的家规、家训以及治家格言等，是以积极、进取的人生价值和社会价值态度来建设家庭环境和家庭氛围。

家谱中的家规、家训除上述内容外，还有“睦族人”“和亲友”以及“戒赌博”“戒懒惰”“戒淫逸”等，对家族成员的行为举止作出规范。同样，家谱作为一个家族血缘关系的总记录，也是海外华人与祖国亲人联系的根据。

“赵”为什么在百家姓中名列第一

“赵钱孙李，周吴郑王”是《百家姓》的第一句，从中我们可以看出：在中国的所有姓氏中，赵姓被排在了第一位。那么，为什么要把赵姓排第一呢？《百家姓》到底是以怎样的规则来排序的呢？

其实《百家姓》以“赵”姓打头，是宋代钱塘儒生所作。因为，宋朝的皇族姓“赵”，所以他必须将天下第一姓——皇族的姓排在第一位。又因为钱唐儒生是越国的臣民，而越国的国王原本也姓钱，所以，理所当然就把“钱”排在了《百家姓》的第二位。

由此可知，《百家姓》的排序是以姓氏的政治地位为规则。就像越国国王的妃子姓孙，所以就把“孙”排在了第三位。当然，其余也是依次排下。

不可思议——“难”“老”“死”竟然是姓氏

中国姓氏完全可以用丰富多彩这个词来形容。有很多姓氏让人看了觉得不可思议，如“难”“老”“死”这三个字，你能想到它们会是姓氏吗?

在中国河南的四座小村里，就居住着一些姓“难”的男女老少。试想想，假如有一天你到了这里，你该如何去称呼他们呢？你心里会有什么感觉呢？这个姓氏真的很容易让外界联想到灾难、困难等不愉快的事情。

对于百家姓里的“老”姓，也是一个让人很难堪的姓氏。一个人刚一降生，就要被称为“老……”，而且还要被别人这样叫一辈子。对于“死”姓，那就更不用说了，据说这是中国倒数第二“小姓”，主要分布于中国西北部，是由北魏时期少数民族的四字复姓发展而来。无论是东方还是西方，都非常避讳这种事情，不愿意张嘴闭嘴“死来死去”的。可是，以此为姓，就没办法了。

在古代“姓”和“氏”的区别在哪里

在古代“姓”和“氏”是有严格区别的，它们分别代表着不同的事物。“姓”起源于母系社会，代表着氏族的血统。“氏”是古代贵族的标志与宗族系统的称号，代表着功勋和地位。

在夏朝之前，姓氏是一分为二的，男子称氏，妇人称姓。氏是用来区别人的贵贱地位的，身份低微的人只有名字但是没有氏。姓是用来区别婚姻的，因此有同姓、异姓、庶姓的区别。

周代以后，姓氏被合二为一，而且不再被用来区别贵贱。即一个大家族世代居住在某地而获得了当地人的敬仰，那么这个家族的人就是高贵的。秦汉以后，姓、氏就不再分开，或称姓，或称氏，或兼称姓氏。

到司马迁撰写《史记》的时候，姓和氏就已经合在一起使用了，一直沿用到了今天。

什么是乳名

“小名”又叫乳名，中国人一般在孩子刚出生时都会为其起个小名，这也是中国人自古以来就有的一个习俗。那么，中国人为什么要给小孩起小名而且流传至今呢？

对此，民俗学给出了以下三个方面的解释。

其一，小名一般都是借用身边常见事物的名称而随口叫成，其原因是这些名称比正式的名字更便于记忆，而且也更具亲切感，容易上口。如顾恺之小名“虎头”，陶渊明小名“溪狗”，王安石小名“獾郎”，郭沫若小名“文豹”等。

其二，小名是缘于古代的排行或是出于迷信特意取用的，像阿三阿四、阿猫阿狗、铁蛋柱子之类，既有亲昵怜爱，又有卑贱、易“养活”的意思。

其三，讨个吉利口彩，如家宝、来福、喜儿等，直言不讳地表达了起名者的美好愿望。

“小名”一般只在家庭和亲朋好友之间使用。自秦汉之后，我国士族阶层便开始“讳小名”，认为不雅，有贻笑大方的嫌疑。故另立了“正名”，以供社交场合使用。

古代女人为什么婚后随夫姓

中国古代姓氏文化中有一个十分有意思的现象，已婚妇女都要“妻从夫姓”。例如，女子本姓王，丈夫姓李，嫁入后就叫“李王氏”等。所以，现在有人就提出这一现象体现出了古代女子的地位低下。其实这种说法是不准确的。

李氏、王氏、阿李、阿王……这就是五代以后已婚妇女留在户口本上的“称谓”。不过，这种“称谓”只有依附丈夫才能被认定，如果丈夫去世，或因其他原因需要她们以当家人或独立人身份出现于公共场合时，由于众多人同用一个姓氏的现象普遍存在，这种称谓显然难以起到识别作用。这个时候如“刘王氏”“赵邢氏”“洪李氏”这样的称谓就出现了，既表明已婚身份，又提示她是某一姓成员及其母家的姓氏，可谓一石三鸟。所谓“妻从夫姓”的称谓习俗，正是在这样的历史条件下为适合一定的需要而产生的。

母系社会的姓氏是怎样的

对于今天的人来说，除非一生下来就被父母抛弃，否则不可能有人不知道自己的父亲姓什么。但这样的事情在中国历史上还真的存在，不过是发生在原始社会。

由于原始社会是母系社会，当时的人们只知道有母亲，而不知道有父亲，所以当时的人们只知道母亲姓什么，却无法知道父亲姓什么。这也是为什么姓字是由“女”和“生”组成的一个主要原因。

据考古学资料表明，西周铜器铭文中，可以明确考定的姓不到三十个，但大多数都从女旁，如姜、姚、姒、姬、娲、嫔、妊、妃、好、嬴等。不仅古姓多与“女”字相关，就连“姓”这个字本身也从女旁，这大概是母系氏族制度的一个特征性产物。

在母系社会，孩子生下来也许会一辈子见不到自己的亲生父亲，所以孩子都是随母亲姓的。

“家严”“家慈”分别是什么代称

古人称己、称人、自称、他称，都有一套文明用语。这方面的用语需要用一厚本专书才能表述清楚。这里仅就与“家父”相关的称谓做点介绍。有关中国人这方面的文明用语只要记住一句话：“家大舍小令他人。”笼统地说，凡是对别人称呼自己家里的人要用“家”或“舍”；凡是称呼他人家里的人要用“令”。

具体情况是：面对他人称呼自己家里的长辈或亲戚中的长辈，在称谓前加一个“家”字。如家父——自己的父亲，家母——自己的母亲，又如家祖父、家祖母、家兄、家嫂、家姐、家叔、家姑等。世人心目中，“严父慈母”乃是通则，因而也就称自己的父亲为“家严”“严君”“严亲”，称自己的母亲为“家慈”。“家君”是父亲的专用称谓，唐朝诗人王勃的名篇《滕王阁序》中有“家君作宰，路出名区”之句，这里的“家君”即是指他的父亲。

“令堂”指的是何人

中国人说话非常讲究礼仪，尊卑长幼的关系全表达在一词一语之间，称呼对方的长辈则更是温文尔雅，尽显尊敬之意。“你妈”“你母亲”“你家老太太”这些称呼在他们看来简直就是粗鄙之词。古时候母亲居北堂，后来北堂就代表母亲。令就是你的意思，堂其实是北堂的简称，指代母亲。所以古人常用“北堂”代指母亲，因为古时在士大夫家里，主妇常居住在北堂的位置，因此敬称对方的母亲就是“您的北堂”，简称就是“令堂”。

除“令堂”外，称呼对方的母亲的词还有“令母、令萱、令慈、寿堂、尊堂、太君、老太君、太夫人”等。“太君”原来是古代对官员的母亲的一种封号，后来就逐渐演变成了对他人母亲的一种尊称。“太夫人”在古代是对列侯的母亲的称谓，后来也演变为上层阶级对对方母亲的敬称，现在则成为对他人母亲的尊称。

“贱内”这一称呼反映了什么

“妻”最早见于《易·系辞》：“人于其官，不见其妻。”但妻在古代不是男子配偶的通称。《礼记·曲礼下》载：“天子之妃曰后，诸侯曰夫人，大夫曰孺人，庶人曰妻。”看来那时的“妻”只是平民百姓的配偶，是没有身份的。后来，“妻”才渐渐成为所有男人配偶的通称。

“妻”的别称很多。古代无论官职大小通称妻为“孺人”。卿大夫的嫡妻称为“内子”，泛指妻妾为“内人”。妻还被称为“内助”，意为帮助丈夫处理家庭内部事务的人。“贤内助”成为对好妻子的美称。旧时对别人谦称自己妻子为“拙内”“贱内”，所以，“贱内”并不是对妻子的蔑视。而在官职较高的阶层中对妻子的称呼却反映出等级制度来。如诸侯之妻称“小君”，汉代以后王公大臣之妻称夫人，唐、宋、明、清各朝还对高官的母亲或妻子加封，称诰命夫人。

“老婆”这一称呼何时而来

现实生活中很多男子习惯把自己的妻子称做“老婆”。那么，你知不知道“老婆”这个称呼又是怎么来的呢?

话说在唐朝有位读书人，他考中功名后，便产生了嫌弃老妻、再娶新欢的想法。但他又不好意思直接对自己的妻子把这件事讲出来。于是他在一天晚上写了一副上联放在床头：“荷败莲残，落叶归根成老藕。”他的妻子在将要上床睡觉时看到了这副上联，从联意中觉察到丈夫有了想抛弃她的念头，觉得很伤心，但是，她还是想挽回一下，便提笔续写了下联：“禾黄稻熟，吹糠见米现新粮。”

第二天，这个读书人读了妻子的下联，心中即刻想起了当年妻子对自己的细心照顾，自己能有今天的成就，多半是妻子的功劳。同时他又被妻子的才思敏捷和拳拳爱心所打动，于是便放弃了弃旧纳新的念头。妻子见丈夫回心转意，不忘旧情，于是挥笔写道：“老公十分公道。”读书人也挥笔续写了下联：“老婆一片婆心。”

这个带有教育意义的故事很快流传开来，世代传为佳话。

“妯娌”是什么关系

在中国民间，很多地方的人把两兄弟的妻子之间的关系说成是互为“妯娌”。那么“妯娌”这个词是怎么来的呢?

说到“妯娌”这个词，不得不感叹中华文字的博大精深。光看这两个字的字形，我们就不得不佩服我们的老祖先造字的能力。首先，因为这个词说的是两个女人之间的关系，所以两个字都带有女字旁。其次，两个字的右边的组成部分也相似，但彼此又是对着的，一个朝上，一个朝下。朝上的“妯”，身段稳重，神态像是鼻孔冲天，得理不饶人；朝下的“娌”则显得小而娇气，恃宠而骄。

仅仅是两个字，却把我国民间那种兄弟老婆之间的关系展现得淋漓尽致、惟妙惟肖。由此可见中华文字的神秘与博大。

“伯、仲、叔、季”之间的长幼顺序是什么

在先秦时期，姓不但是女子能否与男方婚配的重要标志，而且还具有区别女子结婚与否的重要作用。因为那时的女子虽有名字，但限于周礼“男女非有行媒不相知名”的规定，女子的姓还担负着社会通用的名的作用。

为了区别未婚姑娘，一般在姓前冠以孟（伯）、仲、叔、季，用以表示老大、老二、老三、老幺这种排行。如古书所记孟姜（哭倒长城的孟姜女并不姓孟，而是姜家的大女儿）、仲子、叔姬、季某，意即姜家的大女儿、子家的二女儿、姬家的三姑娘、某家的幺姑。女子嫁出去以后，一般用丈夫的姓和娘家的姓并列称某某氏，如一位姬姓女子嫁给卫国大夫孔圉做妻子后，就叫孔姬；若是李姓女子嫁给张姓男子，婚后只能称为“张李氏”或“李氏”，这种称呼方式在当今某些农村还能见到。

根据《国语辞典》记载：“孟、仲、叔、季，兄弟姊妹长幼之别字也。”同时，伯、仲、叔、季，也是指兄弟长幼的次序。辞典的解释为：“兄弟排行的次序，长兄为伯，次为仲，又次为叔，最幼为季。若兄弟三人，则称孟、仲、季。”

媒婆又有哪些称呼

“月老”在中国民间是一个家喻户晓的人物，传说他是专门主管人世间男女婚姻的天神，在冥冥之中以红绳系男女之足，以定姻缘。月老这一形象最初出现在唐人李复言的小说集《续玄怪录》的《定婚店》中。月下老人以赤绳相系，确定男女姻缘，反映了唐人认为姻缘前定的观念。

“红娘”这个人物最早是出自南宋话本《莺莺传》和官本杂剧《莺莺六幺》中，而她真正成名却是在元代王实甫的《西厢记》中。自金代董解元所作的《西厢记诸宫调》起，才对这个形象进行了成功的创造，使之成为一个有血有肉的艺术形象。从这个故事的大概中可以看出红娘并不是莺莺和张生初次会面的“介绍人”。所以，我们可以说月老是传说中的掌管男女婚姻的天官，红娘也就是我们现在谈婚论嫁的男女之间的大媒人、介绍人。

为何古代皇帝被奉为“天子”

“天子”一词最早见于儒经《尚书》，书中对天子的含义做了解释：“天子”乃是天的长子或嗣子，即后世所说的太子、今日君主制国家的王储。因此，原则上说，许多人都是天神之子，都有做天子的资格，只要有德行。古代尧舜禹的禅让故事就是对此很好的证明。

然而，随着生产资料的过剩，人的权力欲望也随之剧增。国家产生后，统治阶级为了巩固自己的王权，就想出了用思想枷锁去束缚那些被统治阶级，天授神权也就因此而产生了。这就是为什么古代君王被称做是“天子”的真正缘故。

因此，后世的君王为了向世人证明自己就是“天子”，可谓是想尽了办法。如汉代开国皇帝刘邦，本出身平民，他的父亲连名字都无从查考，因此更加找不到他以前的世系。所以当时的人们对于他能够做天子非常不理解。为此，汉代儒者可谓是费尽了心机，他们历经了近200年的努力。最后，儒者贾逵在《左传》中找到，尧的后代中有一个叫刘累的，曾经做过夏代的臣子。刘邦，就是刘累的后代。这样，刘邦就可以通过尧，上溯到黄帝，被认为是具有天神血统的人。刘邦之后，王莽、曹丕做皇帝，也都要把自己的血统上溯到舜，再上溯到黄帝，以证明自己做天子的合理性。

“万岁”为何是皇帝的专用名词

“万岁”这个词本来只是人们由于内心喜悦以示庆贺的欢呼语。秦汉以前，欢呼“万岁”是比较普遍的事。比如冯谖替孟尝君在薛地烧掉债券，颇得人心，于是“民称万岁”。

秦汉以后，臣子朝见国君，拜恩庆贺，也常常呼喊“万岁”，并逐渐成为一种礼节。为了表示对皇帝的尊敬，“万岁”便成为帝王的代称了，但这并不是帝王唯一或专有的称呼，当时叫皇帝“天子”也可。“天之骄子”，表明其拥有的权力是上天所赋予的，至高无上。如果对别人呼喊“万岁”，皇帝也不干涉。汉武帝曾想把“万岁”据为己有，不许他人使用。但是人们并不全遵照他的意志，一到高兴的时候还是欢呼“万岁”，禁不了也无可奈何。

到了宋朝，万岁变成了皇帝专用的称呼。如果有大臣被称为“万岁”，就算犯禁，要受到重罚。以忠贞闻名的寇准有一次与温仲舒同行，路上遇到“狂人”，迎马高呼万岁。寇准的政敌得知后，向皇帝告发，以致寇准被罢去同知枢密院的高职，降为青州知州。

可见，自从宋朝开始，“万岁”一词成了皇帝的专用名词，如果谁再随意欢呼“万岁”，就会有杀身之祸。到明朝以后，规定更加严格，简直到了登峰造极的地步。

皇帝何以自称

我们时常在电视剧里听到古代的皇帝都称自己是“寡人”或“朕”。那么你知道他们为什么要如此称呼自己呢?

“朕”原本是个第一人称代词，没有尊卑贵贱的色彩。先秦时期的每个人都可以自称“朕”。屈原的《离骚》里就有：“朕皇考曰伯庸。”意思是：“我的父亲叫伯庸”。

秦始皇统一六国后，“朕”字变成了皇帝的专用词。据司马迁《史记·秦始皇本纪》记载：秦嬴政统一天下后，规定天子自称为“朕”。从此，一般人不能自称“朕”了。

唐代以后，皇帝多称自己是寡人。“寡人”这个词的用法比“孤”复杂些。古代王侯自谦为寡人，是因为在他们眼里，自己高高在上，是最孤独的人，因此自谦为“寡人”。

皇太后为何自称“哀家”

在今天的一些以古代宫廷为题材的影视剧中，里面凡是自称为“哀家”的那个人，必定是死了丈夫的皇太后，那么，她们为何要这样称呼自己呢？

其实，“哀家”是古时候的戏曲里死了丈夫的皇后的自称。如果皇帝还活在人世，皇后是绝对不能自称“哀家”的。只有在丈夫去世以后，皇后或太后才可以“哀家”自称。其含义是自称可怜之人，表达无夫之哀。古代妇女以夫为纲。另外，如果不是贵为皇后或太后，也是无论如何不能自称“哀家”的。

皇太后自称“哀家”是因为自己只不过是“先帝”留下来的人而已，所以有悲哀“先帝”的意思。而皇后决不会这样自称，对皇帝多自称妾，妾某氏，对臣子则直接称我。

“宰相”这一称呼来源于何时

“宰相”一词最早起源于春秋时期，是中国古代最高行政长官的通称。相，本为相礼之人，字义有辅佐之意。管仲是中国历史上第一位宰相。到了战国时期，宰相的职位在各个诸侯国都设立了。

秦朝时，宰相的正式官名为丞相。汉朝与秦朝相仿，只是如果称为相国的话，地位更高一些，并以御史大夫为副职。汉武帝时，启用了一批儒生当丞相，处理日常行政事务，而政务中心则转到了内廷。宰相的职权逐渐转移到了尚书台长官的手中。

魏晋南北朝时，丞相或相国多为权臣自命，成为了一种篡位夺权的手段。南北朝制度多变，皇帝所与议论政事或委以机密者，即是宰相。

隋朝定三省制，三省长官内史省的内史令、门下省的纳言、尚书省的尚书令都是宰相。唐改内史省为中书省，内史令为中书令，纳言为侍中。唐高宗后，只有加“同中书门下三品”“同中书门下平章事”者才是宰相。

宋朝以同平章事为宰相正式官名，以参知政事为副。从汉至唐，皇帝待宰相之礼，逐渐降级，至宋太祖废“坐论”之礼，使宰相地位大降。

元朝以中书省为政务中枢，主官中书令常由皇太子兼领，下为左右丞相，再下为平章政事，副职为左右丞及参知政事。

明朝初亦设中书省，左右丞相。洪武十三年（1380年），罢中书省，废丞相，由皇帝亲决国政。宰相制度遂废。

同为皇帝女儿，为何有格格与公主不同的称呼

我们时常在一些以清代宫廷为题材的影视剧中看到，只要是皇帝的女儿都被称做“格格”。而中国历史上其他朝代的皇帝，其女儿一般都被称做是“公主”。那么，格格和公主在身份上有哪些区别呢?

“格格”原本是满洲语，翻译成汉语就是“小姐、姐姐”之意。它原本是对清朝贵族之家女儿的称谓。清朝的前身后金初年，国君、贝勒的女儿或一般未嫁之妇女均可称为“格格”，无定制。直到清太宗皇太极继位后，开

始仿明制，也规定把皇帝的女儿称为“公主”，并规定皇后所生之女称“固伦公主”，妃子所生之女及皇后的养女称“和硕公主”。

由此一来，清太宗皇太极以后，“格格”就成了王公贵族之女的专称。所以，现在影视剧中把皇帝之女称做“格格”是不准确的。

“唐太宗”这一称谓由何而来

今天，我们习惯上把唐朝的第二个皇帝李世民称呼为“唐太宗”。那么你知道这个称呼是怎么来的吗?

其实，“唐太宗”是李世民的庙号。在唐朝，除了某些亡国之君以及短命皇帝之外，一般都有庙号。庙号常用“祖”字或“宗”字。一般把当朝的开国皇帝称为“太祖”或“高祖”，如历史上把刘邦称做汉高祖，把赵匡胤称做宋太祖等。开国皇帝以后的都用“宗”，就像我们把李世民称作是唐太宗。

古代的皇帝除了有庙号外，一般都有谥号。习惯上，唐朝以前对殁世的皇帝一般简称谥号，如汉武帝、隋炀帝，而不称庙号。唐朝以后，由于谥号的文字加长，则改称庙号，如唐太宗、宋太祖等。

刘季是谁

据史料记载：刘邦在未称帝之前常被人叫作“刘季”，而等他称帝之后就再没人这样叫了，即使史书上也叫他为刘邦。这是为什么呢?他的这个叫“刘季”的名字是怎么来的呢?

要回答上面的问题，就首先要说说古代人们的辈分关系。古代人十分讲求辈分，但是穷人家孩子起名字往往不太重视，于是常用一些辈分称呼作为孩子的名。最常见的就是兄弟之间按伯仲叔季来排行。

刘邦因为出身寒微，所以和其他穷人家的孩子一样，没有一个正式的名字。他又在家里的兄弟中排行第三，所以人们就理所当然地叫他为“刘季”。

你知道“韩愈，字退之”的由来吗

韩愈是个孤儿，很小的时候，他的父母就去世了，哥哥和嫂子抚养他长大。到了入学的年龄，嫂嫂郑氏想给韩愈起一个既好听又文雅的学名。这天，郑氏翻开字书，挑了又挑，选了又选，始终找不出一个合乎心意的名字。韩愈见嫂嫂为自己起名为难，于是便问：“嫂嫂，你是在给我起名字吗？”郑氏笑着说：“是的。你大哥名叫会，你弟弟名叫介，他们两人的名字都是人字作头，你的学名也要找个人字作头，而且要讲究一些的才行。”

韩愈说道：“嫂嫂，你不必再费心找了，这人字作头的字‘愈’字最合适了，我就叫韩愈吧。”嫂嫂不解地问：“愈字有什么特别的意义吗？”韩愈说：“‘愈’是超越的意思。我长大以后，一定要做一番大事，前超古人，后无来者，决不当平庸之辈。”嫂嫂听后，拍手叫绝：“好一个愈字。”

韩愈从小饱读经书，从3岁起就开始识文断字，每天能记下一千多条古训，不到7岁，就读完了诸子之书。19岁的时候，正好赶上皇科开选，嫂嫂为他打点了行装，送他进京去应试。

到了京城后，韩愈自恃才高，以为只要参加考试一定能考中，结果却名落孙山。后来，他连续考了四次，最后才中了第十三名。之后，虽然经过了三次殿试，最终也没有捞到一官半职。

由于身上带的盘缠已经不多，韩愈来到洛阳去找朋友求助。在洛阳，朋友穿针引线，他与才貌双全的卢氏小姐订了婚。卢小姐很敬慕韩愈的才华。

这天晚饭后，两人闲聊。韩愈说起了这些年官途中的挫折。卢小姐说：“不要再为这种事情而伤怀了，科场失败的事情常有。只是经历了这么多次挫败，一定是你有什么缺点和不足。目前最重要的是要找到问题、解决问题啊。”韩愈听后，频频点头，说道：“你说的很有道理，俗话说自己瞧不见自己脸上的黑，你帮我找找。”卢小姐说：“你真是个聪明人哪！”随即展纸挥笔，写道：人求言实，火求心虚，欲成大器，必先退之。

韩愈拿着卢小姐的提示，沉思了一阵。他觉得这真是小姐的肺腑之言呀！自古骄兵必败，自己身上缺少的正是谦虚之德，这个“愈”字便是证据。于是，他立即选用卢小姐赠言中的最后两个字“退之”，给自己起了个这个字。

“孟姜女”这一名字如何解释

“孟姜女哭长城”的故事可以说是无人不知，无人不晓。但是，有一件事，估计知道的人微乎其微。那就是孟姜女其实并不姓“孟”。也许会有人问：她不姓孟为什么会被叫做“孟姜女”？看了下面的解释你就明白了。

孟姜女其实姓“姜”，孟是她在家中的排行。古代，待嫁女子是按“孟（伯）、仲、叔、季”来排行的，如果是正妻生的大女儿，就排行为“伯”，偏房生的大女儿就排行为“孟”。

出嫁女子，有冠以自己国家或氏的名称的，如“齐姜”。有冠以配偶也就是别国国君的国名的，如“秦姬”。有冠以配偶也就是别国卿大夫的氏名或邑名的，战国以前，男子称氏，女子称姓。所以，孟姜女就是姓姜的偏房生的大女儿。

第2章　宫廷文化

中国拥有最长时间的封建社会历史，因此，中国封建王朝的宫廷文化也是丰富多彩的。在本章，我们为你展示宫廷文化的灵魂和核心——皇权观念、宫廷生活方式等，为你一一揭开神秘宫廷的序幕。

皇帝为何被称为“九五之尊”

研究过故宫建筑风格的人应该知道，故宫作为封建王朝的宫廷建筑的代表，其建筑理念与“九”和“五”这两个数字有着相当密切的关系。首先，它共有房间九千九百九十九间半。明代奉天殿，也就是清代的太和殿，采用的是宫殿建筑的最高等级形制，面阔九间，进深五间。午门城楼、保和殿等正面也都是九开间的殿宇。显然，这些建筑都与数字“九”和“五”有关。其次，古代的皇帝喜欢被称作是“九五之尊”。这就让我们产生一个疑问：皇帝何以如此崇尚“九”呢?

清代语文学家汪中对此作出了解释：“一奇二偶，一二可为数。二加一则为三，故三者，数之成也。积而对十，则复归为一，十不可为数，故九者，数之终也。”古人十分崇尚阴阳理论，认为奇数为阳，偶数为阴；天为阳，地为阴。自然，“九”就成了阳数中的极数，再大的数其尾数也大不过“九”。如此以来，帝王们就用“九”这个阳数中的极数来象征自己，寓意自己的江山可以永久。

皇帝结婚为何“大婚”

在封建社会，皇帝的婚礼可以说就是国家的盛典。因此，历朝历代，皇帝的婚礼都被列为“五礼”之首。而且为了与老百姓的婚姻有所区别，也为了显示皇家的威严，因而习惯把皇帝的婚礼称为“大婚”。

按《仪礼・士婚礼》记载，自周代以来的民间婚礼主要经过纳采、问名、纳吉、纳征、请期、亲迎六个程序，简称为婚姻“六礼”。但是，皇帝的婚礼却要比这“六礼”复杂得多。历代的皇帝在大婚时都要先举行“册立礼”，以此确立皇后这一特殊的身份。这也是皇帝大婚独有的一项礼仪，其他任何人都不可以仿照或举行。

其次，民间男子结婚都必须亲自去迎亲，但皇帝贵为天子，因此大婚不亲迎，只是派使节奉迎，即奉命迎娶。“六礼”中的“请期”，意思是由女方主动告知男方婚期，但皇帝结婚却是变被动为主动，把“请期”变为了“告期”。女方也因此由受“请”变为被告知。此外皇帝大婚作为国家庆典必要颁诏等等，这些都是皇帝婚礼与士庶婚礼截然不同之处。

皇帝龙袍为何是黄色的

我们时常在一些古装影视剧中看到这样的现象：古代的皇帝除上朝穿龙袍以外，其他时候都穿黄色的衣服，平常的官员要是能得到一件皇帝御赐的黄马褂，就觉得荣耀之至，甚至有的官员把黄马褂当做神灵一样供奉。也许有人会问：“是不是历朝历代的帝王都穿黄色的袍子？”

其实从周朝至明朝，帝王的正式着装都是黑色的冕服。秦始皇统一六国后，规定皇帝要穿火德之服，但是火德的赤并非现在流行的中国红，而是发黑的暗红，所以一般情况下把它视为黑色。

唐代的皇帝依旧是以黑底十二纹章的冕服为上朝和祭祀的正式服装。宋朝和明朝的皇帝也都穿火德之服，尤其是明朝的皇帝姓朱，所以都以红色为贵，皇帝的常服也多为红色。

现存的明代皇帝画像中有些身着明黄色常服，是因为那些画像多是死后遗像。而那种纯金打造的黄澄澄的金冠，更是只有在皇帝的墓穴里才能找到的陪葬用品。以明黄色为贵，穿着明黄色衣冠到处跑的，只有清朝的皇帝。由此可知，皇帝穿黄袍是在清代才形成的。

故事皇帝“七十二嫔妃”是真的吗

说到古代皇帝的妃子人数，显然“七十二”是远远不够的。自古就有后宫佳丽三千之说，而且有人认为“三千”都是个保守的数字。因此所谓的“七十二妃”只不过是个泛指的数字。

《管子·小匡》就有：“九妃六嫔，陈妾数千”之说。《礼·昏仪》对周代的后妃制则说得更为详细。其中有这样一句：“古者天子后立六宫，三夫人，九嫔，二十七世妇，八十一御妻。”可见早在秦始皇统一六国之前，各诸侯国的国君就已经是妻妾成群了。到了秦始皇，那就更甚之。他灭了六国之后，首先就是把六国后宫的妃子据为己有，其人数就可想而知了。但是，最先建立起完备的后妃体制的朝代是汉朝。汉代把后妃爵列分为八品：即皇后、夫人、美人、良人、八子、七子、长使、少使。汉武帝时更是把其扩至十四个等级，即昭仪、婕妤、娥、容华、美人、八子、充依、七子、良人、长使、少使、五官、顺常、无涓。东汉时又化繁为简，六宫仅有皇后、贵人之称，其下只设美人、宫人、采女三等。

“皇陵”这一称呼起源于何时

在古代社会，只要是帝王的坟墓都被称作是“陵”。为什么要这样称呼呢？它起源于哪个朝代呢？

据历史记载：在周朝以前，君王的坟墓和其他人一样都称“墓”而不称为“陵”。在《周礼·春官·墓大夫》中就有记载：“掌凡邦墓之地域。”墓大夫是专管全国墓地的官员。由此可见，周代君王的墓也称“墓”而不称“陵”。把帝王的坟墓称之为“陵”，大约始于战国中期以后，首先出现于赵、楚、秦等大国。这在《史记》中有着详细的记载，君王墓称“陵”是当时王权不断增强的结果，为表现最高统治者至高无上的地位。因为帝王的坟墓不仅占地广阔，而且封土之高如同山陵，因此帝王的坟墓就称为“陵”。

如何从官服看出官级

官服分颜色是从唐朝开始：三品以上着紫袍，佩金鱼袋；五品以上着绯袍，佩银鱼袋；六品以下着绿袍，无鱼袋。官吏有职务高而品级低的，仍按照原品服色。如任宰相而不到三品的，其官衔中必带“赐紫金鱼袋”的字样。州的长官刺史，亦不拘品级，都穿排袍。

宋代崇尚文治，冠服制度渐趋繁缛，也曾经多次修改。元代是蒙古族入关统治中原的时代。其服饰既袭汉制（如皇帝及高官的服饰仿照先秦时代的古制而成），又推行其本族制度（如一般百姓服饰仍是披发椎髻，夏戴笠，冬服帽）。元朝初建，也曾令在京士庶须剃发为蒙古族装束。蒙古族的衣冠以头戴帽笠为主，男子多戴耳环。然至元大德年间以后，蒙、汉间的士人之服也就各认其便了。

明朝的皇帝冠服、文武百官服饰、内臣服饰，有祭服、朝服、公服、常服等名目，其样制、等级、穿着礼仪真可谓繁缛。一般男子服饰以袍衫为主，形制多样，儒生文士则以襕衫、直裰为常衣。妇女服饰主要有袍衫、袄、霞披、褙子、比甲、裙子等。

清代官服以顶戴花翎显示其不同的身份和地位。官服中的礼冠名目繁多，有朝冠、吉服冠、常服冠、行冠、雨冠等。

古代“士大夫”的含义是什么

从发展时代看，士大夫这一概念在战国中叶以后才流行开来。从内涵上考察，士大夫主要包含如下两方面内容。

其一，指居官与有职位的人。《周礼·考工记》云：“坐而论道谓之王公。作而行之谓之士大夫。”用现代话说，士大夫是职能官。《墨子·三辩》批评“士大夫倦于听治”。这里泛指一切官吏。《战国策·秦策二》载：“诸士大夫皆贺。”这里的士大夫指楚朝廷之臣与王之左右。《荀子·王霸》云：“农分田而耕，贾分货而贩，百工分事而劝，士大夫分职而听。”这里的士大夫指一切居官在职之人。其二，《君道》又讲：“论德而定次，量能而授官，皆使人载其事而各行其所宜。上贤使之为三公，次贤使之为诸侯，下贤使之为士大夫，是所以显设之也。”士大夫指诸侯以下的官吏。文官称士大夫，武官也称士大夫。《荀子·议兵》载：“将死鼓，御死辔，百吏死职，士大夫死行列。”

“秘书”在古时是何意

“秘书”在现代社会中是指那些为高级人员服务的私人“佣人”。然而秘书这个职务在中国古代社会就有，但是一开始这个词并不是现代社会中的意思，而是另有所指。

“秘书”在古代是指皇家秘密的藏书。东汉恒帝时开始设秘书监这个官职，其实是相当于国家图书馆馆长，年俸六百石。管理“秘书”的长官就是汉初所设置的“长史”，以及后来的“中书侍郎”“翰林学士”等官员。幕僚中的“记宝”、地方官府的“主簿”，其实就是当代社会中秘书的前身，只是名字不同罢了。

中国古代有很多出色的秘书（幕府）工作者。如击鼓骂曹的祢衡，就是江夏太守黄祖的秘书，他能写出黄祖“所故言而未能言”的内容。至于脍炙人口的名篇《讨武曌檄》的作者骆宾王，则是徐敬业的秘书。

“道台”官居何位

道台是老百姓对道员的尊称。道员：明初布政、按察两司以辖境广大，由布政使的佐官左右参政、参议分掌各道钱谷，称为分守道；按察使的佐官副使、佥事分理各道刑名，称为分巡道。清乾隆时始专设分守、分巡道，多兼兵备衔，辖府、州，成为省和府、州之间的高级行政长官。在名义上，道应是省的派出行政机构。其分守、分巡之职亦逐渐不分。清代又设督粮、盐法等道。清末又在各省设置巡警、劝业两道。清代道员为正四品。北洋军阀时曾分一省为数设，设置道尹。

“洗马”是什么官职

“洗马”是古代官名。“洗”并非读 xǐ，而是通“先”，亦称“先马”。洗马并非洗刷马匹之意，也不是指马夫，而是在马前驰驱之意。《宋书》卷四十《百官下》：“洗马，八人。职如谒者、秘书郎也。二汉员十六人。太子出，则当直者前驱导威仪。秩比六百石。”从宋代的这一史料可以看出，洗马这一官职是东宫太子的导师，属规谏太子的官职。但是这一官职并非限制他只能出入于东宫。历史上很多太子身边的“洗马”都是朝中重臣，例如晋的李密、江统，唐朝的魏征等。

秦汉时期，洗马为太子的侍从官，太子出则作为前导。晋代时其职责改为掌管图籍。南朝时洗马隶属于典经局。隋唐时则设司经局洗马一职，沿袭至清代。清代司经局所设之洗马用满汉各一人，从五品。在历史上许多名人都做过洗马之职，如魏征曾做过太子李建成的洗马。清末重臣张之洞43岁时，还只是一个洗马的官。

古代刑法“几十大板”为什么通常只打屁股

我们时常在电视上看到古代的官老爷只要说：“给某某几十大板……”，下面公差们的板子就朝着犯人的屁股上落下。他们只打屁股，一般不打别的地方，你知道这是为什么吗?

原来，最初的公堂罚打犯人并没有明确规定要打什么部位，以致很多犯人都被活活打死。唐朝李世民称帝后，有一次他看到一幅“明堂针灸图”，发现人的屁股上几乎没有穴位，这就让他联想到了公堂打人不小心打出人命的事情。他认为打人致死者，一定是打在了犯人的重要穴位上。所以他立马下了一道圣旨：要求全国的公堂以后打人只打屁股。从此在公堂上打人只打屁股的习惯就传了下来。

“午时三刻行刑”有什么讲究

我们在影视剧中经常看到古人行刑总是选在“午时三刻”，那么，古人为什么行刑要在午时三刻呢?古代的“午时”大概就是现在的中午十一点至十三点之间，午时三刻是将近正午十二点，太阳挂在天空中央，是地面上阴影最短的时候。这在当时人看来是一天当中“阳气”最盛的时候。中国古代一直认为杀人是“阴事”，无论被杀的人是否罪有应得，为避免他的鬼魂纠缠作出判决的法官、监斩的官员、行刑的刽子手等和他被处死有关联的人员，所以要选在阳气最盛的时候行刑，这样可以压抑鬼魂不敢出现。这应该是古代习惯在“午时三刻”行刑的最主要原因。

“国子监”是什么样的学府

中国古代教育体系中的最高学府是设于隋代的“国子监”，它也是中国历史上最有影响力的官办大学。上古的大学，称为成均、上庠。汉代把大学叫太学，隋代开始改名为国子监。

隋文帝时，改寺为学。不久，废国子学，唯立太学一所，省祭酒、博士，置太学博士、总知学事。隋炀帝即位后改为国子监，复置祭酒。唐沿此制，国子监下设国子、太学、四门、律算、书等六学，各学皆立博士，设祭酒一员，掌监学之政，并为皇太子讲经。

唐高宗时期，曾一度把国子监改名为“司成馆”或“成均监”。宋初继承五代后周的制度，设立国子监，招收七品以上官员子弟为学生。

国子监是中国古代隋朝以后的中央官学。明朝由于首都北迁，在北京、南京分别都设有国子监。于是设在南京的国子监被称为“南监”或“南雍”，而设在北京的国子监则被称为“北监”或“北雍”。北京国子监始建于元朝大德十年（1306年），是我国元、明、清三代国家管理教育的最高行政机关和国家设立的最高学府。

“社稷”一词为何意

“社”指土地，“稷”指谷类。社稷祭祀是中国古代帝王重要的祭祀。元帝遣使致祭社稷。元代的社稷岁祭是从至元七年（1270年）十二月开始的。至元三十年（1293年）正月，听御史中丞崔彧之言，于和义门内少南，始建社稷坛，总面积四十亩。社坛在东，稷坛在西，相去约五丈。社坛用土青赤白黑四色，正方形，中间实以常土，上面以黄土覆之。依方面从五色泥刷饰。四面，各设一阶梯。稷坛一如社坛之制，唯土不用五色，纯用一色黄土。

元廷于至元十年（1273年）为地方社稷坛制作了规定。规定称："社稷五土，五谷之神，虽是以时致祭坛壝制度未行，于礼有阙。乞遍喻府州依法修理。"府州社稷坛，筑城西南，方二丈五尺，高三尺四，出阶四等，筑围墙，四面开门，于内社在东，稷在西。

《尚书》的内容大致是什么

我国最早的一部历史文献总集是《尚书》，相传曾经由孔子编选，属于记言古史。最早时它被称为《书》，到了汉代被叫做《尚书》，意思是"上古之书"。汉代以后，《尚书》成为儒家的重要经典之一，并把它改名为《书经》。对于这本书的确切作者是谁，是什么年代编辑的，现在已无从考证。唯一可以确定的是这本书在汉代以前就已经有了定本。

就文体而言，《尚书》通篇文章是以散文的形式按朝代编排，分成《虞书》《夏书》《商书》和《周书》。它大致有四种体式：一是"典"，即古代的典章制度；二是"训诰"，包括君臣之间、大臣之间的谈话和祭神的祷告辞；三是"誓"，记录了君王和诸侯的誓众辞；四是"命"，记载了帝王任命官员、赏赐诸侯的册命。它使用的语言、词汇比较古老，因而较难读懂。其内容包括《今文尚书》和《古文尚书》两部分。

"八股文"从而来

提起古代科举考试的"八股文"，人们一般认为它就是明太祖所创。其实这是一个不全面的说法。因为，早在明朝以前的唐朝就有了八股文的形式。为什么这样说呢？

考证历史发现，八股文的形式，最早可溯源于唐朝的“帖括”。所谓“帖括”，就是八股文概括地默写某一种经书的注解。唐代虽以诗、赋取士，但并未完全废除读“经”。宋代自王安石秉政，以“经义”试士，学子任治一经，考试时发挥“经义”为文字，这不同于唐代专重记忆注疏原文，考试概括来书写答案的“帖经”，而是发挥对经文意义的理解来写文，因而名为“经义”。

科举考试的八股文的雏形却是形成于元代。元代科举考试，用“经义”“经疑”为题述文，出题范围限制在《大学》《中庸》《论语》《孟子》四种书中。这就是最早的八股文雏形了。

明代朱元璋洪武三年诏定科举法，应试文仿宋“经义”，其后此种文字讲求格律，八股文的格律形式就形成了。

考试制度中的“三元”是什么

我们时常可以在古装影视剧或是文史资料里看到“连中三元”的说法，那么它们到底指的是哪三元呢？

“三元”是我国科举制度的产物，是解元、会元、状元的统称，最早产生于科举制度完善起来的中晚唐时期。

不过，在唐朝尚无“三元”之说，只是有了与此类似的“三头”的讲究。读书人首先参加由地方府州举行的选送资格考试，考试合格者称乡贡进士，第一名称为“解头”或“解首”。然后参加中央举行的全国考试，考中者一律称为进士出身，其中的第一名称“状头”。唐代又把各种“制科”考试的第一名称为“敕头”。例如唐宪宗元和九年的“状头”张又新，之前是京兆府“解头”，到了元和十二年，又应博学宏词科得第一名，一时被人们称为“张三头”。在唐代，科举取士中三级考试制度已经基本完善，以后宋、元、明、清都是沿袭这一套制度来执行的。

从这个意义上说，这“三头”之说尽管文字上与“三元”略有差异，但实质上大体一致。“连中三头”可以算作是“连中三元”的早期雏形。

誓言“执子之手，与子偕老”出自哪里

“执子之手，与子偕老”是《诗经·国风·击鼓》里的一句话，意思是一位出征在外的男子对自己心上人的日夜思念。他想起他们花前月下“执子之手，与子偕老”的誓言，想起如今生离死别、天涯孤苦，岂能不泪眼朦胧、肝肠寸断。

《诗经》中那优美的文辞、淳厚的情感，滋润、涵养着我们华夏民族的文化艺术与人文精神。许多脍炙人口的爱情诗篇为后人所传颂，如《关雎》篇，“关关雎鸠，在河之洲。窈窕淑女，君子好逑。参差荇菜，左右流之。窈窕淑女，寤寐求之。”这首诗表达了作者对一位窈窕美丽、贤淑敦厚的采荇女子的热恋和追求，以及对与她相伴相随的仰慕与渴望，感情单纯而真挚，悠悠的欣喜，淡淡的哀伤，展现了男女之情的率真与灵动。

“打油诗”起源于何时

打油诗相传为唐代郡人张打油所创，是旧体诗的一种，即俳谐体诗，内容和词句通俗诙谐、不拘于平仄韵律。打油诗最早起源于唐代民间。

明杨慎《升庵外集》记载，唐代张打油所写的《雪诗》中有“江上一笼统，井上黑窟窿。黄狗身上白，白狗身上肿”之句。所用都是俚语，且颇为诙谐。后人将这类诗歌称为“打油诗”。

打油诗一般通俗易懂、诙谐幽默，有时暗含讥讽，风趣逗人。诗的内涵一般体现的是作者对现实社会、现实生活假丑恶的感应，当然也有对真善美的感应，诗中更多表现的是前者。任何社会、任何时代，只要有可笑可恨之事，就会有幽默风趣、冷嘲热讽的打油诗应运而生。

“五服”具体指什么

古人常常用“五服”来表示亲属关系的亲疏。其实“五服”指的是五种丧服。在中国古代社会，以丧服来表示亲属之间血缘关系的远近以及尊卑关系。“五服”具体指的是：“斩衰、齐衰、大功、小功、缌麻”。

斩衰是用很粗的生麻布做成，穿这种丧服服丧三年，用于臣、子、妻、妾为君、父、夫服丧；齐衰则是缝边的生麻布做成；大功和小功则是用熟麻布做成，只是做工不同；缌麻是用细的熟麻布做成。服丧时间依次减少，分三年、一年、九个月、五个月、三个月。古人以这五服表示亲属的远近亲疏。从自己开始，上到父亲、祖父、曾祖父、高祖父，下到子、孙、曾孙、玄孙，同时还有上述亲属的旁亲，都是有服亲，叫内亲。母亲一系叫外亲，服制只有一世，仅包括外祖父母、舅父、姨母、舅表和姨表兄弟，其他人则是无服亲。同时，期亲指父系亲属，大功亲指祖父系亲属，小功亲指曾祖父系亲属，缌麻亲指高祖父系亲属，母系亲属均列入缌麻亲中。

大功服、小功服、缌麻服这样分来，丧服不仅仅是在出殡时所着的服装，它也显示出不同辈分与直、旁系亲属关系，因此大家就把“五服”作为表示亲戚关系的一种标准了。

“问斩”为什么非要秋后这个时间

古代处决死囚时一般都是“秋后问斩”，这有什么特殊的原因吗？为什么不在其他的季节执行死刑呢？

古代执行死刑一般是在秋冬季节，这与古人的自然神权观念有关，即顺应天意。在古人眼里，春夏是万物生长的季节，而秋冬是树木凋零的季节，象征肃杀。人的行为包括政治活动都要顺应天时，否则要受到天神的惩罚。因此执行死刑也是选在肃杀的季节里，因为万物都在这个季节面临死亡，所以处死犯人也是顺应了天意。

到汉朝时，将死刑的执行以及重要的诉讼活动限制在秋季和冬季举行，不仅仅是一种观念，它已经被人们普遍接受了。所以在古装影视剧或者小说中我们经常可以看到，对死刑犯人宣判时，都会加上一句：“秋后问斩。”

重振旗鼓为什么说“东再起山”

在生活中，当有人在生意场上或是其他方面受到挫败时，总喜欢用“东山再起”来激励自己从困境中走出来，可为什么偏偏要说成是东山再起呢？为什么就不能是其他山呢？其实，“东山再起”这个词来源于中国历史上的一次著名的以少胜多的战役——淝水之战。当年前秦皇帝苻坚已经统一了中国北方，企图进一步消灭东晋王朝。于是动员了全国的兵力，共计78万大军，分水陆两路，向江南发动了进攻。

大敌当前，晋孝武帝和满朝文武官员人心惶惶，而才华横溢的谢安，这时却隐居在会稽“东山”。直至他的好友、侍中王坦之去“东山”面请，痛陈社稷危艰，急需良将谋臣匡扶，谢安才悚忧而起，应召出山。

受命于危难之际的谢安，宵衣旰食，调兵遣将，不敢懈怠，最终成功地指挥了淝水一战赢得完全胜利，奠定了他千古名相的不世功业，成为历史上著名的政治家、军事家。“东山再起”这一妇孺皆知的成语即由此而来。

假如当年谢安复职为相前隐居的不是那个清幽宁谧的“东山”，那后来流传的成语或许就真的是什么“西山”“南山”“北山”之类“再起”了。

第3章　远古传说

神话是人类最早的幻想性口头散文作品，是人类童年时期的产物，文学的先河。神话产生的基础是远古时代生产力水平低下和人们为争取生存、提高生产能力而产生的认识自然、支配自然的积极要求。

人类祖先真的是女娲吗

人类是怎么来的？这个问题一直缠绕着古人，由于无法解释，便认为是女娲创造了人类。相传，女娲认为盘古的创造还算不上完整，鸟兽虫鱼的智力远远不能使她满足，因此她决心要创造出比这些生物更高级的生灵来与自己作伴。于是，女祸沿着黄河滑行，用河床里的软泥按照自己的形貌来捏泥人。女娲心灵手巧，不一会儿就捏好了好多的泥人。这些泥人几乎和她一样，只不过女娲给他们做了与两手相配的双腿，来代替尾巴。这些小泥人被女娲放到地上就“活”了起来，变成了一群能直立行走、能言会语、聪明灵巧的小生命，女娲称他们为“人”。

女娲造人的神话，是一个流传十分久远的故事。现代科学技术的发展证明了人类是由古猿进化而来的。但是，女娲造人的神话却反映出早期人类社会的生活状况，那时正值人类社会中的母系社会时期，妇女拥有至高无上的地位，而且子女只认得自己的母亲，不认得自己的父亲。于是，人们就认为自己是被母亲所繁衍下来的，母亲是最伟大的。这也印证了女娲为什么是一个女性形象。

“后羿射日”真的存在吗

天和地刚刚形成的时候，天空上有十个太阳。他们像小鸟那样栖息在一棵大树上，每天一换。可是有一天，这十个太阳一起出现在了天空。这下，大地上的人们和万物就遭殃了。于是，后羿爬过了九十九座高山，迈过了九十九条大河，穿过了九十九个峡谷，来到了东海边。后羿拉开了万斤力弓弩，搭上千斤重利箭，瞄准天上的太阳，射掉了九个太阳。剩下的一个太阳后羿命它每天按时出来，按时下山，为人们服务。

按照《山海经》里的记载，这十个太阳代表着十个部族，但由于天下要一统，因此其他九个部族就会被消灭。人们便根据此记载创造了后羿射日的故事，从而表达着人们对天下“大一统”的美好愿望。

“妖精”一词的由来是什么

中国神话中的妖精是指修炼后的物类，好比人修道成仙那样。同时，在中国人心目当中，妖精经常等同于妖怪。其实，这种认识是错误的，妖精和妖怪的性质是不同的。“妖怪”这词通常作为超自然或恐怖事物的总称；而“妖精”比较偏向大自然事物化身，是具体的神怪。

古人认为任何动物、植物及工具，都会吸收天地日月的精华，从而变化成人的样子来到人间。在中国人的思想当中，妖精依然以狐狸精为主，此外还有蛇精、猫精、琵琶精、蜘蛛精、雉鸡精、鱼精、树精及花精等。然而，“妖”则代表偏离正道的事物，因此人类和仙人常常要征服它们，这其中当然就会发生许多暴力冲突了。妖精的身份揭穿后（通常是尾巴露出来，或者被照妖镜照到），难免会有神仙高人捉拿它们，不是被消灭，就是被迫走入仙道。如《抱朴子》《西游记》及《封神演义》等书中所描绘的那样，妖精几乎扮演歹角，代表着邪道，是与正道的神仙们势不两立的。不过，也有例外，如《白蛇传》和《聊斋志异》书中就描绘了许多有情有义、知图报恩的妖精。

王母娘娘真的长生不老吗

在《山海经》里，王母娘娘在中国古代文化中的第一次亮相之后，有关她的记载便渐渐多了起来。王母娘娘在我国的古代神话故事中，亦被称为金母、瑶池金母、瑶池圣母、西王母。王母娘娘不但与黄帝、尧、舜、大禹等远古时代的帝王见过面，还在此后与汉武帝见过面，其间至少经历了两千多年的时间跨越。难道王母娘娘真的如传说中的那样长生不老吗？这显然是个误会。

造成这个误会的原因，完全是当代人对历史的误读。古今中外，历史和神话杂糅的现象经常发生，人类在历史演变的过程中，常将历史上的某项功绩附会给某个人，以将他神化。上古时期，人们崇尚巫术，而掌握巫术的人，往往就是氏族最高的统治者。近年来，有专家宣称王母娘娘确有其人，并是一位叫做“西王母国”的氏族部落或部落联盟的女首领。到后来，历代的西王母人选是在不断更替，但西王母国的存在和西王母的封号却没有变，从而形成了一个西王母长生不老的传说。

八仙过海中的“八仙”具体指谁

“八仙过海，各显神通”原指八位神仙在渡东海时，各用各的方法渡了过去。现在引申为人们做事各有各的办法，并且也有各自拿出自己的本领比赛的意思。

相传，一次，八位神仙在蓬莱阁上聚会饮酒，酒喝到高兴的时候，铁拐李提议到海上一游，而其他神仙都觉得这是一个不错的主意。于是，商定各自凭借自己的法力过海，而不能乘船。首先，汉钟离把大芭蕉扇往海里一扔，坦胸露腹仰躺在扇子上，向海上漂去；何仙姑将荷花往水中一抛，顿时红光万道，她站立在荷花之上，随波漂游。随后，吕洞宾、张果老、曹国舅、铁拐李、韩湘子、蓝采和也纷纷将各自宝物抛入水中，借助宝物各显神通，游向东海。

彭祖到底活了多少岁

彭祖，名翦，又称为篯铿，颛顼的玄孙，其父亲是吴回的长子陆终，母亲是鬼方首领之妹女嬇，因为做的野鸡汤十分美味，所以受到帝尧的喜欢而被封在大彭，也就是大彭氏国（今江苏徐州），又叫做彭铿，传说是彭姓的祖先。

自尧帝起，彭祖经历夏、商两朝。商代时，成为守藏史，官拜贤大夫；周代时，担任柱下史。据说，彭祖娶了四十九个老婆，生下了五十四个子女，最终活了八百八十岁。其实，并不是这样的，这个年龄是根据六十天为一个甲子算的，实际上按照现在三百六十五天为一年的话，彭祖的实际寿命只有一百四十多岁。晋代葛洪形容他，“殷末已七百六十七岁，而不衰老。少好恬静，不恤世务，不营名誉，不饰车服，唯以养生活身为事。”由此可见，彭祖只是养生的方法得当，比别人活得长一些而已，并不像神话传说中说的那样活了八百八十岁。

哪吒是谁

哪吒从小便桀骜不驯。七岁时，天旱地裂，东海龙王却连一滴雨也不肯施舍，还命夜叉去海边强抢童男童女。哪吒见义勇为，用乾坤圈打死夜叉，又杀了前来增援的龙王之子敖丙。东海龙王恼羞成怒去天宫告状，途中又被哪吒打得半死。于是，东海龙王请来三位兄弟，共商报复之计。第二天，四海龙王带领水兵水将兴风作浪，水淹陈塘关，哪吒为了不使全城百姓遭殃，挺身而出，悲愤自杀。事后，太乙真人借莲花与鲜藕为身躯，将哪吒还魂再世。复生后的哪吒手持火尖枪、脚踏风火轮，大闹龙宫，战败东海龙王，为民除害。

“哪吒闹海”的故事从一个侧面反映出了古人对于海龙王的敢怒而不敢言，他们将这种怨恨寄托在哪吒身上，并借哪吒的行动来反映自己对老天的不满。

在《西游记》中，大家可以清晰地看到，哪吒是站在灵霄宝殿上的。那么，是不是据此就可以说哪吒是属于道教一派呢？根据学者们考证，哪吒最早写作“那吒”这一名称出现在唐代及此后与毗沙门有关的佛经中。“哪吒”是一个音译的名字，也就是说他并不是中国本土的。他本是佛教中的一个神，在唐以前，我国还没有关于“哪吒”的任何记载。如此说来，“哪吒”引进到我国的时代应当在唐朝，后来经过历朝历代的传颂，才有了今天大家所熟悉的哪吒形象。

哪吒，在佛经中是梵文（Nalakuvara）的音译，相传是四大天王中之北方多闻天王毗沙门的三太子，是佛教护法神之一。

格萨尔王是谁

格萨尔王在藏族人民的心目当中是一个很伟大的英雄，关于他的传说在藏族地区更是多得不胜枚举。据说，在很早以前，岭国出生了一个叫角如的穷孩子，这个孩子在这如同仙境般的环境中长大成人。在岭国英雄云集，赛马争夺王位时，角如的技艺力压群雄，被人们尊称为“格萨尔王”。格萨尔王的一生，充满着智慧与邪恶的较量，为了铲除人间的祸患和不平等现象，他临危受命降临凡界，镇伏了恶魔，驱逐了掳掠百姓的侵略者，消除了人与人之间的不平等现象。在这期间，他还和他的叔父——一个投敌卖国的奸贼展开了殊死的较量，并最终打败了他的叔父，为部落争取了自由和幸福。在藏族人民的心目当中，格萨尔王是一个什么都难不倒的英雄。同样，格萨尔王的传说反映着藏族人民对于天地的敬畏之情和对英雄的怀念之情。

鲁班是历史上的真人吗

历史上，鲁班是确有其人的。他是春秋末期鲁国的一个工匠，名叫公输般。春秋战国时期是我国从奴隶制度向封建制度过渡的社会大变动时代。手工工匠获得一定程度的自由，新的生产工具的出现为整个社会的生产力提高创造了有利条件。公输般在这个时期对工艺技术的提高做出了杰出的贡献。由于他技艺超群，又是鲁国人，所以后人就称他为“鲁班(般)”。

史书上对于鲁班的记载很少，关于他的经历，人们很难找到很多可靠的材料。不过，关于他的传说却很多，有的写在古书上，有的流传在民间。传说鲁班曾经用木头制作了一辆车，并且安装了机关，只要开动机关，车子就会跑。

鲁班的这些传说之所以能够越传越神，其原因在于我国是一个传统的农业国，对于农业生产方面的技术，百姓们历来孜孜追求，表达着自己希望获得丰收，将自己从繁重的体力劳动中解放出来的愿望。但是，由于生产技术的限制，因此只好寄希望于神话传说了。

妲己与筷子的故事

妲己与筷子的传说，流传于江苏一带。说的是商纣王喜怒无常，吃饭时总是刁难厨师，嫌饭菜不合口。结果，很多厨师成了他的刀下之鬼。宠妃妲己也知道他难以侍奉，因此每次摆酒设宴，她都要事先尝一尝，免得纣王咸淡不可口又要发怒。有一次，妲己尝到有几碗佳肴太烫，可是调换已来不及了，因为纣王已来到餐桌前。妲己急中生智，忙取下头上的玉簪将菜夹起来，吹了又吹，等菜凉了一些再送入纣王口中。纣王认为由妲己夹菜喂饭是件很新奇的事情，于是天天要妲己如此。于是，妲己便让工匠照着玉簪的形状做了两根长玉簪，以便自己夹菜，而这就是玉筷的雏形。后来，这种夹菜的方式传到了民间，便产生了筷子。

这则传说，比较贴近生活，有某些现实意义，但仍然富于传奇性。

刘三姐是谁

相传，鱼峰山是壮族歌仙刘三姐曾经生活劳动、传歌成仙的地方。在今天，山上还保存着“三姐岩”“对歌坪”等遗址。

传说在唐代，罗城与宜山交界的天洞之滨，有个美丽的小山村。村中有一位叫刘三姐的壮族姑娘，在她很小的时候父母就去世了，和哥哥刘二相依为命。刘三姐不仅长得宛如出水芙蓉一般貌美，还唱了一口好山歌。由于刘三姐常用山歌唱出穷人的心声和不平，因此触怒了当地的土豪劣绅，他们让官府派人去捉拿刘三姐。为免遭毒手，刘三姐与哥哥在众乡亲的帮助下，趁天黑，顺流沿天河直下龙江，后又进入柳江，辗转来到柳州，在小龙潭村边的立鱼峰东麓小岩洞居住。从此，刘三姐的歌声又萦回鱼峰山顶。后来，刘三姐的踪迹被官府知道了，官府派出众多官兵到立鱼峰要捉拿三姐。小龙潭村及附近的乡亲闻讯，纷纷赶来，为救刘三姐而与官兵搏斗。刘三姐不忍心乡亲们受牵连，毅然上山跳入小龙潭。然而，正当刘三姐纵身一跳的时候，顿时狂风大作，天昏地暗。随着一道红光，一条金色的大鲤鱼从小龙潭中冲出，把刘三姐驮住，飞上云霄。刘三姐就这样到天宫成了歌仙。而她的山歌，人们仍世代传唱着。

刘三姐的传说，表达着生活在底层的穷苦百姓对现实的不满，于是，他们借助神话中歌仙刘三姐的口来表达自己对社会的控诉。

“伯奇劳乎”的故事由来

伯劳是一种鸟，在鄂西北房县的春夏两季较为常见。伯劳以捕食昆虫、小鼠、蜥蜴等为食，因此被称为雀型目中的猛禽。但是，在我国的古代神话传说中，它是一种神鸟。

关于伯劳有两个典故，最有名且现在比较流行的一个典故出自南朝梁武帝的《玉台新咏》中的《东飞伯劳歌》。“东飞伯劳西飞燕，黄姑（牵牛）织女时相见。谁家女儿对门居，开颜发艳照里闾。南窗北牖挂明光，罗帷绮帐脂粉香。女儿年几十五六，窈窕无双颜如玉。三春已暮花从风，空留可怜谁与同。”今天人们所熟知的成语“劳燕分飞”便典出于此。

另一个典故，就是关于“伯劳”这一名称来历的典故。传说周宣王时期，贤臣尹吉甫因听信了爱子伯奇后妈的谗言而误杀了伯奇，整日后悔不已。一天，尹吉甫在郊外看到一种从来没有见过的鸟，因思子心切，便以为这只鸟就是爱子的灵魂，于是说道：“伯奇劳乎，如果你是我的儿子就飞到我的身边来”。结果，这只鸟便真的飞到了他的身边。如此一来，伯劳鸟就因为“伯奇劳乎”而得名了。

“双抛桥”的故事

双抛桥在今天福州杨桥路中段。传说古时候这里有条河，河上有座无名的木桥，桥下水深流急。河附近住着邱、何、胡三家。邱家有个儿子靠木工手艺为生，为人老实忠厚。何家亦不甚富裕，但有个女儿长得花容月貌，且生性善良。邱、何两家素有来往，彼此一对男女青梅竹马、两小无猜，邱、何两家的家长遂为他们定了亲，并择了迎娶的吉期。

不料，一天何小姐到河边漂洗衣裳，被胡家恶少看见。胡家为官，有钱有势。胡恶少见何小姐貌美，查明底细后便遣媒到何家说亲。何家把姑娘已定亲，且日内迎娶的话让媒婆去回了。谁知胡恶少根本不理，暗地召集家丁、打手，策划邱、何两家迎娶之日拦路抢亲。邱、何两家毫无防备，何小姐于迎亲路上被抢到胡府。

何小姐是个忠贞烈性姑娘，到了胡府宁死不从，并于夜间趁看守疏忽之机，偷偷逃出胡府，奔回邱家与新婚丈夫相聚。然而，那胡恶少岂肯罢休，他带着众恶奴，各持凶器赶到邱家，将邱、何新婚夫妇捆绑后抓走。新婚夫妇一路反抗，大骂无耻恶少。胡恶少恼羞成怒，喝令众恶奴将新婚夫妇双双抛入河中，并吩咐将两人尸体抛向南北两边，意思是死了也不让他们在一起。后来，河的南北两岸各长出一棵榕树，树枝在空中攀连，成为福州的一道奇观。后人见了赞叹不已，便将跨河的这座桥叫双抛桥了。

“孟姜女哭倒长城”是真人真事吗

孟姜女哭长城的传说在民间广为流传，她的丈夫范喜良被征召修筑长城劳累而死，埋于长城之下。孟姜女悲痛之下一路寻夫哭到了卫辉池山段长城，哭塌长城，进而找到了丈夫的尸骨。

有人认为，孟姜女的故事发生在春秋时期。据《左传·襄公二十三年》记载，齐庄公四年(公元前550年)，齐国攻伐卫国、晋国，回师攻莒时齐大夫杞梁战死。杞梁妻迎丧于郊，相传她哭夫十日，城墙为之崩塌。于是，后世越传越离谱，把杞梁妻说成是秦始皇时代的人，并成为了哭长城的主角。

其实，孟姜女哭倒长城的故事，是随着历代时势和风俗不断改变而变化的。战国时，齐国都城盛行哭调，杞梁(后演化为喜良)战死而妻迎柩，便是这个故事的素材。西汉时，盛行阴阳五行、天人感应之说，杞梁妻的悲苦便造成了城崩山裂的感应。至南北朝、隋唐时期，乐府中有送衣之曲，于是又增添了送寒衣的内容。由此可见，孟姜女哭倒长城的故事，是在长期的文化演变中而逐渐丰满起来的。

总而言之，孟姜女哭倒长城的故事，从一个侧面反映出了老百姓对于封建统治者残暴统治的不满。

“闭月羞花”原是形容哪位女子

“羞花”，说的是杨贵妃的故事了。话说唐朝开元年间，唐玄宗深居后宫，不理朝政，还四处搜寻美女。

当时，寿邸县的农民杨元琰，有一个美貌女儿叫杨玉环，被选进宫来。杨玉环进宫后，思念家乡。一天，她到花园赏花散心，看见盛开的牡丹、月季……想自己被关在宫内，虚度青春，不胜叹息，对着盛开的花说：“花呀！花呀！你年年岁岁还有盛开的时候，还有展示自己魅力的时候，可是我什么时候才有展示自己的时候呢？”话说得悲悲切切，不由自主地摸眼前的花。然而，她刚一摸花，花瓣便立即收缩，绿叶卷起低下。这一情景，被一宫女看见。宫女到处说，杨玉环和花比美，花儿都含羞低下了头。后来，这件事传到唐玄宗的耳朵里，他也觉得很惊奇，便命杨玉环来见驾。

按常理说，花儿应该是最美丽的，但这个故事却被赋予了更多的遐想，让人们不由自主地想象杨贵妃的美丽动人。

“沉鱼落雁”说的是谁

据说，西施是个浣纱的女子，五官端正，相貌过人。她在河边浣纱时，清澈的河水映照她俊俏的身影，使她显得更加美丽，就连水中的鱼儿看见了她的容貌，也被她的容貌所迷住，而忘记了游动，最后沉到了河底。于是，人们便将“沉鱼”指代西施了。

随着时代的变迁，“沉鱼”就不仅仅指西施了，而是通指年轻女子漂亮。

“高山流水”的故事

高山流水的故事对于国人来说并不陌生。相传，伯牙擅长弹琴，钟子期善于倾听。伯牙弹琴时，心里想着高山，钟子期就会说：“好高峻的山啊！”伯牙弹琴时，心里想着流水，钟子期就会说：“水势浩荡的样子像江河啊！”伯牙弹琴时心里想什么，钟子期都能一一听出来。

一天，伯牙在泰山的北面游览，突遇暴雨。在岩石下躲雨时，心里不自地产生了一丝伤感，便取出琴弹了起来。起先是连绵大雨的曲子，再奏出山崩的声音。然而，钟子期依然能够听出伯牙的心中所想。最后，伯牙弹奏完毕，放下琴感叹地说：“您所听出的正是我心里所想的啊！我的琴声逃不过您的耳朵，您真是我的知音啊！”

随着社会的发展，现在的“高山流水”成为被善意夸大了的友谊的一种表现，但是这个词却反映出了人们渴望得到真正友谊的一种愿望。

马头琴的动人传说

马头琴的产生及其发展，很难查阅史料。但是，它却有一个美丽、感人的传说。

据说，年轻的牧人巴特尔家世代为王爷牧马。在一个寒冷的初春，巴特尔跑到百里之外，找回失散的马群后，在一个淖尔边发现了一匹白色小马驹，看着小马驹的样子，巴特尔特别喜欢它，便把它带回了家。在巴特尔的精心照料下，小白马长成了大白马，而且十分通人性，在一次那达慕大会上，巴特尔骑的大白马将王爷精心饲养的所有马匹远远甩在后面。王爷见到这匹马后，满心欢喜，便派人强行抢走了巴特尔的白马，但白马却难以制服。最后，王爷将白马杀死了。

巴特尔守候了白马三天三夜。这天，他将白马的后腿骨和马尾取下，挂在毡房中，然后安葬了白马。面对白马的后腿骨和马尾，巴特尔沉思了99天，白马的形象始终浮现在脑海中。于是，他将白马的后腿骨制成琴身，雕刻出白马的头部放在顶部，用马尾制成琴弦和琴弓。就这样，马头琴诞生了。大概是因为巴特尔思念白马过于深切，也许白马也有灵性，所以马头琴的旋律，表现了蒙古族人民勤劳、勇敢、深沉、粗犷、激昂的性格特征。

梁祝化蝶，为什么会化成蝴蝶

“梁祝”故事在不同的地方有着不同的版本，但是这些都并不会影响人们对梁山伯与祝英台的赞美。那么，梁山伯与祝英台殉情后，化成了什么蝶而双双飞舞呢？

关于此问题的争论，在不同的地区也有着不同的版本。比如，在河南就有美凤蝶版；在云南就有玉带凤蝶版等。但是，不管是哪个地区的哪个版本，“梁祝蝶”都应该具备以下三个基本的属性，否则，就会失去文化上的意义。

（1）梁祝化蝶应该是变为雌雄不同的蝴蝶。因为梁山伯和祝英台是一男一女，所以化成的蝶也应该是一雄一雌。

（2）色彩鲜艳，易于辨别。这也预示着，爱情就该这样，就应该是正大光明的，也应该是勇敢的，而不是偷偷摸摸的。

（3）梁山伯与祝英台的故事起因在南方的杭州，死后化蝶地方在绍兴，故该蝶应广泛分布在江南地区。

《白蛇传》有什么深层含义

《白蛇传》的传说源远流长，是我国古代四大民间传说之一。

相传，在宋朝时的镇江市，白素贞是千年修炼的蛇妖，为了报答书生许仙前世的救命之恩，变化为一个年轻漂亮的女子来报恩，后遇到青蛇精小青，两人结伴。白素贞施展法力，并嫁给许仙。婚后，金山寺和尚法海对白素贞百般阻挠，使得白素贞后来不得不显出原形，却将许仙吓死。白素贞上天庭盗取仙草灵芝将许仙救活。然而，法海却将许仙骗至金山寺内软禁，为的是将白素贞镇压。白素贞同小青一起水漫金山寺，却因此伤害了其他生灵，从而触犯了天条。白素贞在生下孩子后，被法海镇压于雷峰塔下。后来，白素贞的儿子长大得中状元，到塔前祭母，并将母亲救出，从而使全家团聚。

有人说白蛇、小青属于道教中“万物皆可成灵”的形象代表，法海则代表了自认为是正宗的佛教，而许仙则代表着在佛道两派之间摇摆不定的人。法海要镇压白蛇，也就是外来佛教文化企图打压本土道教文化，但最终的结果是白素贞赢得了人们的同情，这说明佛教虽然有一定的传播优势，但中国人对道教文化仍然有一定的感情。

八卦究竟是谁发明的

八卦源于中国古代对宇宙形成的基本概念、日月与地球的关系以及农业生产与人生哲学互相结合的观念。那么，八卦究竟是谁发明的呢？这也有一个传说故事。

传说伏羲的母亲华胥氏在一次出门时，看见沼泽边有一个巨大的脚印，觉得很好奇，就用自己的脚踩下去试，谁知刚一踩下去，身子就有一种异样的感觉，后来就怀孕生下伏羲。伏羲长有人的头，蛇的身子，从小就很有神力，能沿着通天的大树自由上下，长大后便成为了东方的天帝。

伏羲是一位圣明的天帝，也是一位了不起的文化始祖。他上知天文、下懂地理，并且熟悉人间万物的自然法则。他提出了一个基本的标准，那就是“男为阳，女为阴”的道理。他就根据这个身体部位，初定为阴阳八卦图形，并且教百姓用这几种符号记载万事万物。原始的八卦指的是人体的八个部位，即耳朵、鼻子、眼睛、嘴巴、手、脚、生殖器官及头。发展到后来，人们便以“乾”代表天，“坤”代表地，“坎”代表水，“离”代表火，“艮”代表山，“震”代表雷，“巽”代表风，“兑”代表泽。

地狱反映了什么

十八层地狱（或称十八地狱、十八重地狱、十八泥犁）是地狱名称。据东汉安世高所译的《十八泥犁经》中，将地狱分为十八层，合称为十八层地狱。十八层地狱的“层”不是指空间的上下，而是时间和内容上的不同。中国民间传说阎罗王为地狱的主宰，手底下有十八个判官分管着十八层地狱。其实，十八层地狱，也在某种程度上反映着古人的宗教信仰。古人认为，人死之后，灵魂还是存在的，因此，在佛教传入我国后，地狱也被道教所沿用和解释。

地狱被古人认为是人死亡后，灵魂要去的地方，在汉族传统宗教观念中，地狱是阴曹地府的一部分。十八层地狱的宗旨是在教育人们要多做善事，多积德，少作恶，死后也就不会“受苦受难”了。从这个方面来说，还是具有积极的意义的。

鼠为何居于十二生肖之首

在十二生肖中，为什么小小的老鼠排名第一呢？这里面有一个很有意思的传说。传说，老鼠与牛、马、羊等被选为十二属相后，他们在一起争论到底谁排第一的问题。老鼠说：“我应该排在第一位。”牛、马、羊等异口同声问道：“你凭什么排第一位呢？”老鼠说：“我大，所以我要排在第一。”牛、马、羊等都禁不住哈哈大笑道：“小不点，你有我们大吗？”老鼠说：“我们几个争了不算数，还是让最有发言权的人来说吧。”牛、马、羊等都同意让人来评议。于是，由牛领头，马、羊、鼠等一个接一个地从大街上走过，看看人是怎么评价的。

在大街上，牛走过去的时候，所有的人都说：“好壮的一头牛啊！”马过来了，人们说：“这匹马真高。”羊走过来的时候，人们则说：“这只羊很肥。”……最后，老鼠大摇大摆地挺着肚子走过来，人们看见大街上突然跑出一只大老鼠，都追着它喊：“好大一只老鼠呀，好大的一只老鼠呀！”随后，老鼠笑嘻嘻地看着牛、马、羊等说：“怎么样，还是我大吧？”对此，牛、马、羊等也无话可说了，于是就让老鼠排在了第一位。

第4章　名人轶事

本章精心选了我国古代名人的轶事和传说，您在轻松的阅读中，不仅可以品到名人的幽默诙谐、机智聪敏，还可以更深地体会到他们锲而不舍、执著追求的精神。在不知不觉之中，拉近与名人的距离，体会历史的厚重。

“座右铭”故事的来源

据古书记载，春秋五霸之首的齐桓公死了之后，怀念其功绩的齐国人为了纪念他，就给他造了一个庙堂。这个庙堂虽然不是很华丽，但是里面却摆设了好多祭器。其中，有一种装酒的器皿，名叫欹器。这种酒具的特别之处在于当这个器皿是空着的时候，它呈倾斜状；但是如果有液体倒进去，它就会直立起来；如果再装至满，便会倒覆。

有一天，孔子带着学生到庙里来朝拜，看到了这个欹器，很是好奇。于是他便向庙里管香火的人打听有关这件器皿的知识。管香火的人告诉他名字之后，孔子便想起了有关齐桓公的故事。他指着欹器对学生们说：“欹器空着的时候就倾斜。把酒或水倒进去一半，它就直立起来。装满了就又会倾斜。所以齐桓公还活着的时候，总是把欹器放在他座位的右侧，用来警戒自己绝不可以骄傲自满。自满就会像欹器里装满了水，必然要倾斜倒覆。”他又接着对学生们说：“其实，读书也是一样，谦受益，满招损。你们一定要牢牢记住啊！”

回到家里，孔子也请人做了个欹器放在座位的右侧，用来警戒自己活到老，学到老，永不满足。以后，欹器被刻在金属上的文字所代替，文字的内容包括许多格言、警句。但“座右铭”这个词却一直沿用到今天。

曹操为什么会被称为乱世枭雄

有一个人，他为现世许多人所景仰，也为许多人所不齿，他就是一个既被称为治世能臣又被称为乱世枭雄的人——曹操。但是曹操为什么会被称为乱世枭雄呢？

一个原因是曹操为人奸诈。第二个原因是他篡汉谋权，挟天子以令诸侯。最为民间所不满的是曹操说了这样一句话：宁肯我负天下人，不可天下人负我。如果一个人宁肯自己对不起普天下的人，也不能让天下的人对不起自己，这个人就太坏了，所以老百姓讨厌曹操。有这样一个传说：曹操因为董卓要迫害他，就从京城里逃出来，路过了他一个老朋友家，这个老朋友名叫吕伯奢。曹操到吕伯奢家里的时候吕伯奢本人不在，于是就发生了曹操杀吕伯奢一家的惨案。

曹操一生没有代汉自立有什么原因

要说曹操从来就没想过要代汉自立，恐怕不是事实。说曹操没有这个资格和条件，就更不是事实。但他终其一生却没有这样做，原因何在呢？

有史书记载，曹操虽有此念，但他审时度势，最终还是决定知难而退，适可而止，把代汉自立的任务留给了他的儿子。这在《三国志·武帝纪》裴松之注引的《魏略》和《魏氏春秋》中可以看出。据记载，曹操成为没有皇帝名号的皇帝后，代汉自立的呼声就开始高涨起来。建安二十四年（公元219年），以陈群、桓阶、夏侯敦为代表的一些人拒绝劝进。陈群、桓阶认为，汉朝早已名存实亡，天底下一尺土地、一个子民都不属于汉（尺土一民，皆非汉有），只剩下一个虚名（唯有名号），取而代之有什么不可以？夏侯敦则说，什么是万民之主？万民之主就是能够为民除害、众望所归的人，从古至今，都是这样。殿下就是这样的人，应该尽快“应天顺民”，有什么犹豫的？曹操的回答是：孔子说过，施行的是政事，就是从政（施于有政，是亦为政）。如果天命确实眷顾我，我就做周文王好了（若天命在吾，吾为周文王矣）。众所周知，周文王是三分天下有其二，却仍然服事殷商的。取代殷商的是他的儿子周武王。所以学术界一般都认为，曹操这话的意思是要曹丕去做他想做的事。果然，曹操去世才几个月，曹丕就逼汉禅位了。

神医华佗是怎么死的

正当华佗热心在民间奉献自己的精湛医术时，崛起于中原动乱中的曹操，闻而相召。原来曹操早年得了一种头风病，中年以后，日益严重。每次发作之后，心乱目眩，头痛难忍。诸医施治，疗效甚微。华佗应召前来诊视后，在曹操胸椎部的鬲俞穴进针，片刻便脑清目明，疼痛立止。曹操十分高兴。但华佗却如实相告：“您的病，乃脑部痼疾，近期难于根除，须长期攻治，逐步缓解，以求延长寿命。”

曹操听后，以为华佗故弄玄虚，因而心中不悦，只是未形于色。他不仅留华佗于府中，还允许他为百姓治病。公元208年，曹操操纵朝政，自任丞相，总揽军政大权，遂要华佗尽弃旁务，长留府中，专做他的侍医。这对以医济世作为终身抱负的华佗来说，要他隔绝百胜，专门侍奉一个权贵，自然是不愿意的。何况，曹操早年为报父仇，讨伐徐州的陶谦，坑杀徐州百姓数万人。

徐州是华佗后期行医和居住之地，与百姓休戚与共，内心岂不愤慨？因而华佗决心离开曹操，便托故暂回家乡，一去不归。曹操几次发信相召，华佗均以妻病为由而不从。曹操恼羞成怒，遂以验看为名，派出专使，将华佗押解许昌，严刑拷问。面对曹操的淫威，华佗坚贞不屈，矢志不移。曹操益怒，欲杀华佗。虽有谋士一再进谏，说明华佗医术高超，世间少有，天下人命所系重，望能予以宽容，但曹操一意孤行，竟下令在狱中处决。

华佗临死时仍不忘济世救民，他将已写好的《青囊经》取出，交狱吏说："此书传世，可活苍生。"狱吏畏罪，不敢受书。华佗悲愤之余，只得将医书投入火中，一焚了之。后来，曹操的头风病几次发作，诸医束手，他仍无一丝悔意，还说："佗能愈吾疾，然不为吾根治，想以此要挟，吾不杀他，病亦难愈。"直到这年冬天，曹操的爱子曹冲患病，诸医无术救治而死，这时曹操才悔恨地说："吾悔杀华佗，才使此儿活活病死。"

屈原为何被流放

大家知道，屈原之所以投江自尽，是因为自己的报国主张不被国王所接纳，最终导致灭国，伤心至极。但是在这个过程中，张仪对屈原的死负有怎样的责任呢?

屈原立志报国为民，劝怀王任用贤能、爱护百姓，很得怀王的信任。

那时西方的秦国最强大，时常攻击六国。因此，屈原亲自到各国去联络，要用联合的力量对付秦国。联盟的力量，制止了强秦的扩张。屈原更加得到了怀王的重用，很多内政、外交大事，都凭屈原作主。

因而，楚国以公子子兰为首的一班贵族对屈原非常嫉妒和嫉恨，常在怀王面前说屈原的坏话，说他独断专权，根本不把怀王放在眼里。挑拨的人多了，怀王对屈原也渐渐不满起来。秦国探知这个消息后，忙把相国张仪召进宫来商量。张仪认为六国中间，齐楚两国最有力量，只要离间这两国，联盟也就散了。他愿意趁楚国内部不和的机会，亲自去拆散六国联盟。

张仪找到了子兰。张仪布置停当，就托子兰引见怀王。他劝怀王绝齐联秦，列举了很多好处。怀王是个贪心的人，听说不费一兵一卒，白得六百里土地，非常的高兴。

第二天，怀王摆下酒席，招待张仪。席间讨论起秦楚友好，屈原果然猛烈反对，与子兰、靳尚进行了激烈争论。他痛斥张仪、子兰，并走到怀王面前大声说："大王，不能相信呀！张仪是秦国派来拆散联盟、孤立楚国的，万万相信不得……"怀王怒道："难道楚国的六百里土地抵不上你一双白璧！"接着就叫武士把屈原拉出宫门。

屈原痛心至极，站在宫门外面不忍离开。当他看见张仪、子兰等人欢欢喜喜、高高兴兴走出宫门，无比绝望。

犯颜直谏的魏征

魏征以性格刚直、才识超卓、敢于犯颜直谏著称。作为太宗的重要辅佐，他曾恳切要求太宗使他充当对治理国家有用的"良臣"，而不要使他成为对皇帝一人尽职的"忠臣"。每进切谏，虽极端激怒太宗，但他神色自若，不稍动摇，使太宗也为之折服。为了维护和巩固李唐王朝的封建统治，魏征曾先后陈谏二百多事，劝戒太宗以历史的教训为鉴，励精图治，任贤纳谏，本着"仁义"行事，他的进谏无不受到采纳。贞观十三年（639年）魏征所上的《十渐不克终疏》，对当时和后世都有重要影响。

他把治理国家之需要有刑罚，比作驾车的人之需要有马鞭，马匹尽力奔跑时，马鞭便没有用处；如果人们的行为都合乎仁义，那么刑罚也就没有用了。但法律或刑罚毕竟是不可少的。他认为法律是国家的权衡、时代的准绳，一定要使它起到"定轻重""正曲直"的作用。要做到这一点，关键在于执法时"志存公道，人有所犯，一一于法"，而决不可"申屈在乎好恶，轻重由乎喜怒"，否则便不可能求得"人和讼息"。这一点对君主来说尤其重要。所以在进谏时，他总是特别要求太宗率先严格遵守法制以督责臣下。在听讼理狱方面，他特别强调“必本所犯之事以为主”，做到“求实”，而不“饰实”，严防狱吏舞文弄法，离开事实去严讯旁求，造成冤滥。他自己每奉诏参与尚书省评理疑难案件，都按照这些思想，着眼于大体，公平执法，依情理处断，做到“人人悦服”。

东方朔是谁

在《史记》里东方朔被放入《滑稽列传》。《汉书》对他的评价也不高，认为他只是有些小聪明，博闻强记，能猜谜语，并不是做官的材料。他曾任常侍郎、太中大夫等职，提出过农战强国之计。但是他拔剑割肉、向皇帝勒索钱财的做法却活脱是个弄臣，并非老成持重之辈。再加上在朝中与其余大臣关系不融洽，没有靠山，平时言语多滑稽。汉武帝始终只是把他当做个优伶（即一个说笑话的艺人），故终其一生得不到重用。以至于死前对皇帝进一番忠言，竟被看作是“人之将死，其言也善”。

曹植七步成诗的故事

在中国历史上有一个有名的家庭，父亲曹操不仅是军事家和诗人，他的两个儿子曹丕和曹植在文学上也很有造诣。父子三人并称“三曹”，其中以曹植的文学成就为最高。

曹丕是一位文学批评家，他的《典论・论文》是中国文学批评史上划时代的著作。曹植则是曹操的第二个儿子，才华很出众，特别在文学方面，是那个时代最杰出的诗人。

哥哥曹丕继位以后，非常嫉妒弟弟曹植的才能。有一次，因为一件小事，曹丕打算借机惩罚曹植，因而规定除非曹植在七步之内作出一首完整而且合乎韵律的诗，不然就要罚他。曹植明知道哥哥是故意为难自己，但曹丕现在是皇帝，他只能听命。想到迫害自己的人是自己的亲兄长，曹植感到异常悲愤。一时，他吟下四句诗："煮豆燃豆萁，豆在釜中泣，本是同根生，相煎何太急。"皇帝曹丕听了这首诗，感到很惭愧，也就不再加害自己的弟弟了。

司马相如是谁

汉代最重要的文学样式是赋，而司马相如是公认的汉赋代表作家和赋论大师，也是一位文学大师和美学大家。

司马相如是汉赋的奠基人，扬雄欣赏他的赋作，赞叹说："长卿赋不似从人间来，其神化所至邪！"鲁迅在《汉文学史纲要》中将司马相如和司马迁放在一起作专节介绍，并指出："武帝时文人，赋莫若司马相如，文莫若司马迁。"

司马相如还是汉代很有成就的散文名家，其散文流传至今的有《谕巴蜀檄》《难蜀父老》《谏猎疏》《封禅文》等。虽然他的部分著作在历史上起了一些消极作用，但从整体上看，在语言的运用和形式的发展等方面，司马相如对汉代散文作出了重要的贡献。

两千多年来，司马相如在文学史上一直享有崇高的声望，产生了深远的影响。两汉作家绝大多数对他十分佩服，其中最有代表性的是伟大的历史学家司马迁。在整个《史记》中，专为文学家立的传只有两篇：一篇是《屈原贾生列传》，另一篇就是《司马相如列传》。仅此即可看出相如在太史公心目中的重要地位。并且在《司马相如列传》中，司马迁全文收录了他的三篇赋、四篇散文，以致《司马相如列传》的篇幅大约相当于《贾生列传》的六倍。这就表明，司马迁认为司马相如的文学成就是超过贾谊的。

陶渊明不为五斗米折腰的故事

陶渊明是东晋时期的一位非常重要的诗人。他被尊称为隐逸诗人之宗，而且开创了田园文学这一文学潮流。他的诗文充满了田园气息。他的名士风范和对简朴生活的热爱，影响了一代又一代的中国文人，乃至整个中国文化都深受其影响。陶渊明在中国几乎是家喻户晓的名字，上过中学的人都学过他的《桃花源记》，很脍炙人口的诗句，如："采菊东篱下，悠然见南山。"老师们还会给学生讲他"不为五斗米折腰"的故事。

陶渊明不断出仕，又旋即辞官，这一事实就足以证明他对现实的不满和不适应。萧统所写的《陶渊明传》记载："会郡遣都邮至县，吏请曰：'应束带见之。'渊明叹曰：'我岂能为五斗米折腰向乡里小儿！'即日解绶去职，赋《归去来》。"我们可以从中看到陶渊明屡次去职的根本原因，而他的《归去来兮辞》更从生活情调的深处说出了这一点。

"心为形役"是他最大的精神痛苦，他决心要摆脱自身躯体及物质的役使，获得心灵上的自由。他在历经了官场的龌龊和束缚之后，终于迷途知返，把"良辰孤往""植杖耘耔""东皋舒啸""清流赋诗"看成自己的"天命"，因而从心灵的深处释放了政治上的失落感，"乘化归尽"，找到了生命的归宿。

李贺是谁

我们知道，唐朝著名的诗人中，李贺被称为"诗鬼"，那么才华横溢的他怎么跟鬼这个字眼扯上关系呢？

李贺（公元790~816年），字长吉，晚唐诗人，福昌（今河南宜阳）人，祖籍陇西，自称“陇西长吉”。家居福昌昌谷，后世因而称他为李昌谷。李贺为唐宗室郑王李亮的后裔，但其家道已没落。他“细瘦通眉，长指爪”，童年即能词章，十五六岁时，已以工乐府诗与先辈李益齐名。李贺一生体弱多病，27岁就逝世。今存诗242首。

他的诗作有讽刺黑暗政治和不良社会现象的，如《秦王饮酒》《猛虎行》《金铜仙人辞汉歌》；有发愤抒情的，如《开愁歌》《致酒行》《浩歌》等；有写神仙鬼魅的，如《梦天》《天上谣》《古悠悠行》等；有咏物等其他题材的，如《李凭箜篌引》《马诗二十三首》等。

李贺诗的艺术特色是想象力非常丰富奇特，句锻字炼，色彩瑰丽。如“羲和敲日玻璃声”“酒酣喝月使倒行”“银浦流云学水声”等匪夷所思的奇语，比比皆是。据统计，他的作品中出现过“死”字二十多个，“老”字五十多个。尤其是写神仙鬼魅的作品，常常让人感到幽灵出没，阴森可怖。因此，后人称李贺为“诗鬼”。

诗圣杜甫的生平

虽然杜甫在当朝不为世人所知，但在后世，他的作品最终对中国文学和日本文学都产生了深远的影响。他有约1500首诗歌被保留了下来，作品集为《杜工部集》。他在中国古典诗歌中的影响非常深远，被后人称为“诗圣”，他的诗也被称为“诗史”。

杜甫的思想核心是儒家思想。他有“致君尧舜上，再使风俗淳”的宏伟抱负。他热爱生活，热爱人民，热爱祖国的大好河山。他嫉恶如仇，在他的作品中对朝廷的腐败、社会生活中的黑暗现象都给予了深刻的批评和揭露。他同情人民，甚至情愿为解救人民的苦难做出牺牲。所以他的诗歌创作始终贯穿着忧国忧民这条主线，以最普通的老百姓为主角，由此可见杜甫的伟大。他的诗具有丰富的社会内容、强烈的时代色彩和鲜明的政治倾向，真实深刻地反映了安史之乱前后一个历史时代的政治时事和广阔的社会生活画面，因而被称为“诗史”。

“花间派”鼻祖——温庭钧

谁都以为花间鼻祖应该是个女儿身，其实不然，它指的是唐代著名诗人温庭筠。那么温庭筠为何被称为“花间鼻祖”呢?

温庭筠 (约公元812~870年)，唐代诗人、词人。本名岐，字飞卿，汉族，太原祁(今山西祁县)人，是花间词派的重要作家之一。由于他喜欢讥刺权贵，多触忌讳，又不受羁束，纵酒放浪，因此一生坎坷，终身潦倒。据说他叉手一吟便成一韵，八叉八韵即告完稿，时人亦称为“温八叉”“温八吟”。他诗词兼工，诗与李商隐齐名，并称“温李”；词与韦庄齐名，并称“温韦”。温庭筠的词多写花间月下、闺情绮怨，形成了以绮艳香软为特征的花间词风，被称为“花间派”鼻祖，他的创作题材偏窄，被人讥为“男子而作闺音”。

“白衣卿相”——一生穷困潦倒的柳永

白衣卿相中的白衣是指平民的服装，也指平民；卿相是指高官，古时指进士。唐代人极看重进士，宰相多由进士出身，故推崇进士为白衣卿相，是说虽是白衣之士，但享有卿相的资望。宋代词人柳永自称“奉旨填词柳三变”，以毕生精力作词，并以“白衣卿相”自许。“白衣卿相”一词即出自其诗作《鹤冲天》。

柳永的一生很倒霉。他第一次赴京赶考，落榜了。第二次又落榜。按说，补习补习，完全可以东山再起。可不服输的柳永就是沉不住气，由着性子写了首牢骚极盛而不知天高地厚的《鹤冲天》。发牢骚的柳永只图一时痛快，压根没有想到就是那首《鹤冲天》铸就了他一生的辛酸。没有几天，柳永的《鹤冲天》就到了宋仁宗手中。仁宗反复看着、吟着，越读越不是滋味，越读越恼火，特别是那句“忍把浮名，换了浅斟低唱”真是刺到了宋仁宗的痛点上。三年后，柳永又一次参加考试，好不容易过了几关，只等皇帝朱笔圈点放榜。谁知，当仁宗皇帝在名册簿上看到“柳永”二字时，龙颜大怒，恶狠狠抹去了柳永的名字，在旁批道：“且去浅斟低唱，何要浮名？”

柳永一生都在烟花柳巷里亲热唱和，大部分的词诞生在笙歌艳舞、锦榻绣被之中。柳永晚年穷愁潦倒，死时一贫如洗，是他的歌妓姐妹们将他集资营葬。柳永死后亦无亲族祭奠，每年清明节，歌妓都相约赴其坟地祭扫，并相沿成习，称之“吊柳七”或“吊柳会”。

爱国诗人陆游的一生

陆游一生力主北伐，虽然屡受主和派排挤打击，但是他的爱国之情至死不渝。同时，他也与尤袤、杨万里、范成大并称“南宋四大诗人”。死前曾作《示儿》一绝：“死去元知万事空，但悲不见九州同。王师北定中原日，家祭无忘告乃翁。”这首诗是最能表现陆游创作精神的代表作。

陆游的诗产量极多，至老仍然创作不懈。他一生中实际上创作了一万三千多首诗作，经他自己删汰之后仍存有九千三百多首。

陆游的诗作之所以存世较多是由于他晚年未暇淘汰的缘故。陆游晚年与农民接触较多，再加上宦海沉浮饱经忧患，并且其年事已高，因此风格转为清旷淡远的田园风格，并以苍凉的人生感慨为基调。不过即使其诗风前后转变了三次，但是他诗中还是充满强烈的爱国情感，这也是他最大的特色与传颂千古的原因。其他也有较为平淡、清丽、甚至是奇谲的作品（诗集中有数百首记梦的诗），不过数量相对较少。

豪放派词人——辛弃疾

辛弃疾（公元1140~1207年），南宋爱国词人。原字坦夫，改字幼安，中年名所居曰稼轩，因此自号“稼轩居士”。汉族，历城（今山东省济南市）人。辛弃疾存词六百多首。强烈的爱国主义思想和战斗精神是辛词的基本思想内容。他是我国历史上伟大的豪放派词人、爱国者、军事家和政治家。

辛弃疾有许多与陆游相似之处：他始终把洗雪国耻、收复失地作为自己的毕生事业，并在自己的文学创作中写出了对时代的期望和失望、对民族的热情与愤慨。在文学创作方面，他不像陆游喜欢写作诗歌，尤其是格式严整的七律，而是把全部精力投入词这一更宜于表达激荡多变的情绪的文学体裁。辛词是以境界阔大、感情豪爽开朗著称的。辛弃疾总是以炽热的感情与崇高的理想来拥抱人生，更多地表现出英雄的豪情与英雄的悲愤。因此，主观情感的浓烈、主观理念的执著，构成了辛词的一大特色。

戏剧大家马致远的创作风格

马致远（约公元1251~1321年或1324年），字哈波，号东篱，元代戏曲作家，河北省沧州市东光县人，因《天净沙·秋思》而被称为秋思之祖。所作杂剧今知有15种，《汉宫秋》是其代表作。散曲120多首，有辑本《东篱乐府》。马致远青年时期仕途坎坷，中年中进士，曾任江浙行省官吏，后在大都（今北京）任工部主事。马致远晚年不满时政，隐居田园，以衔杯击缶自娱，死后葬于祖茔。

马致远早年即参加了杂剧创作，是“贞元书会”的主要成员，与文士王伯成、李时中，艺人花李郎、红字李二都有交往，也是当时最著名的“四大家”之一。马致远从事杂剧创作的时间很长，名气也很大，有“曲状元”之誉。他的作品见于着录的有16种，今存《汉宫秋》《荐福碑》《岳阳楼》《青衫泪》《陈抟高卧》《任风子》6种。另有《黄粱梦》，是他和几位艺人合作的。其中以《汉宫秋》最著名。散曲有《东篱乐府》。小令《天净沙·秋思》脍炙人口，匠心独运，自然天成，丝毫不见雕琢痕迹。

他的作品具有豪放中显飘逸、沉郁中见通脱之风格。马致远杂剧的语言清丽，善于把比较朴实自然的语句锤炼得精致而富有表现力。曲文充满强烈的抒情性和主观性。马致远的散曲扩大了题材领域，提高了艺术意境，声调和谐优美，语言疏宕豪爽，雅俗兼备。

王安石——对宋诗的发展影响较大

从诗体说来，王安石的古体诗虽然多用典故，好发议论，但像《明妃曲》《桃源行》等篇，立意新颖，充满着情感和丰富的想象。律诗则用字工稳，对偶贴切，但有时不免失于过多的雕刻。他的五绝和七绝尤负盛誉，“王半山备众体，精绝句”（《寒厅诗话》），“荆公绝句妙天下”（《艇斋诗话》）。他的诗对当代和后世都有影响，被称为“王荆公体”（严羽《沧浪诗话》）。

“王荆公体”的特点是：重炼意，又重修辞。在用事、造语、炼字等方面煞费苦心，既新奇工巧又含蓄深婉，主要载体是其晚期雅丽精绝的绝句。

其长处是下字工，用事切，对偶精。其短处在于作诗主意求工，主意之过流为议论，好求工而伤于巧。故“王荆公体”有深婉不迫处，也有生硬奇崛处。这既体现了宋诗风貌的部分特征，又有向唐诗复归的倾向，可谓既有唐音，又有宋调，对宋诗的发展影响较大。

中国文学史上最伟大的一位女词人——李清照

李清照，宋代女词人，号易安居士，济南（今山东济南）人。

李清照擅长书、画，通晓金石，而尤精诗词。她的词作独步一时，流传千古，被誉为“词家一大宗”。她的词分前期和后期。前期多写其悠闲的生活及爱情生活、自然景物，韵调优美，如《一剪梅》等。后期多慨叹身世，怀乡忆旧，情调悲伤，如《声声慢》。李清照的人格像她的作品一样令人崇敬。她既有巾帼之淑贤，更兼须眉之刚毅；既有常人愤世之感慨，又具崇高的爱国情怀。她不仅有卓越的才华、渊博的学识，而且有高远的理想、豪迈的抱负。因而，在文学领域里李清照取得了多方面的成就。

在同代人中，她的诗歌、散文和词学理论都能高标一帜、卓尔不凡。而她毕生用力最勤、成就最高、影响最大的则是词的创作。她的词作在艺术上达到了炉火纯青的境界，形成了自己独特的艺术风格——“易安体”。她不追求砌丽的藻饰，而是提炼富有表现力的“寻常语度八音律”，用白描的手法来表现对周围事物的敏锐感触，刻画细腻、微妙的心理活动，表达丰富多样的感情体验，塑造鲜明、生动的艺术形象。

在她的词作中，真挚的感情和完美的形式水乳交融，浑然一体。她将“语尽而意不尽，意尽而情不尽”的婉约风格发展到了顶峰，以致赢得了婉约派词人“宗主”的地位。同时，她词作中的笔力横放、铺叙浑成的豪放风格，又使她在宋代词坛上独树一帜，从而对辛弃疾、陆游以及后世词人有较大影响。她杰出的艺术成就赢得了后世文人的高度赞扬。后人认为她的词“不徒俯视巾帼，直欲压倒须眉”，她被称为“宋代最伟大的一位女词人，也是中国文学史上最伟大的一位女词人”。

“苏小妹”是谁

在苏轼家族的家谱中并没有记载苏轼有个妹妹叫苏小妹，也没有民间传说的关于苏小妹智斗苏轼等“佛印”故事。书上说苏小妹嫁给了秦观，可是秦观的夫人不是苏小妹而是徐文美。而且，苏轼在词中和信中没有一次提到过苏小妹。苏轼的资料里面也说他父亲生有三男三女，但只有两个存活，就是苏轼和苏辙，没有苏小妹。而关于苏小妹的故事、诗联在民间津津乐道了千百年。当人们倾倒于苏小妹的机智时，她那份清雅伶俐，已然栩栩如生地幻化于眼前。民间已赋予了她生命，而她的传说，也将永久地被传颂下去。

传说中的苏小妹在新婚之夜是如何刁难秦观的?

传说苏轼的妹妹苏小妹，从小习读诗文，精通经理，是个有才识的女辈。在小妹十六岁时，上门说亲的人很多。但小妹认为自己年纪还轻，不准备过早结婚，而应力争在年轻的时候多学点东西，因此她对前来说亲的人非常讨嫌，但又不能贸然失礼。于是她想了一个办法，要求所有求婚者答三道题，答对了，就嫁给他。

秦观听说苏东坡的妹妹苏小妹不但相貌端秀而且工诗善词，早就有爱慕之心了，便去苏家求婚。苏洵让每个求婚者写一篇文章，交女儿批阅。小妹在少游的文章上批道：“不与三苏同时，当是横行一世。”苏洵便将苏小妹许给了秦少游。成婚那天，小妹有意相难。开始两题都没有难倒秦少游，小妹便出了第三个题目，一个上联：“闭门推出窗前月”。少游怕对得平淡不能显示自己的高才，便坐在池塘边苦苦思索。直到三更，苏东坡出来打探妹夫消息，见少游在池塘边不住喃喃念着“闭门推出窗前月”，知道是小妹故意刁难，便悄悄拾起石子朝水池中投去。秦少游忽听“砰”的一声，见池中月影散乱，遂受启发，连忙对出下联：投石冲开水底天。这时，洞房门也“呀”的一声开了。

骆宾王的故事

“初唐四杰”中的诗人骆宾王曾参与起兵反对武则天，但终归失败，他只得隐姓埋名，出家当和尚。在他出家后，与宋之问之间还发生了一个故事。

有一天，杭州灵隐寺来了一个年轻的游客，此人正是宋之问。晚间，宋之问于寺间长廊漫步，见皓月当空，野山魆魆，便诗兴大发，吟出“鹫岭郁昭哓，龙宫隐寂寥”两句诗来，自觉有些意味，可是下面两句却一时接不上来。长廊尽头，宋之问忽见一老僧打坐。他便上前招呼。老僧抬眼寒暄几句，道：“老衲倒有两句……”于是，他缓缓吟来：“楼观沧海日，门听浙江潮。”宋之问听了，深感佩服。

宋之问回房细细品味，觉得老和尚的两句诗妙不可言，第二天一早就兴冲冲地跑去拜见老和尚，可不见人影。正在徘徊怅然之际，一个小和尚经过，宋之问赶忙上去询问，和尚道：“噢，他就是骆宾王啊。”

“李白”的名字是如何得来的

李白的名字没人不知道，但你知道他为什么取名叫“李白”吗？

其实，李白的名字得来十分的有趣，他名字的诞生过程就充满了诗情画意。那是在李白七岁时，父亲要给李白起个正式的名字。无论是眼下读书还是将来任职，有个好名字都是必要的。李白的父母亲想要培养儿子做个高雅脱俗的人，做一个对人民和社会有益的人。

一天，李白的父亲看着春日院落中的葱翠树木、似锦繁花，开口吟诗道："春国送暖百花开，迎春绽金它先来。"李白的母亲接着道："火烧叶林红霞落。"李白知道父母故意只吟了诗句的前三句，留下最后一句，希望自己接续下去。他看到正在盛开的李树花前，灵机一动说："李花怒放一树白。"

七岁稚童的精彩诗句一出口，父母惊呆了。他们决定把妙句的头尾"李""白"二字作为孩子的名字。

李白是怎么死的

乾元二年(公元759年)，李白行至巫山，朝廷因关中遭遇大旱，宣布大赦，规定死者从流，流以下完全赦免。这样，李白经过长期的辗转流离，终于获得了自由。他随即顺着长江疾驶而下，而那首著名的《早发白帝城》最能反映他当时的心情。到了江夏，由于老友良宰正在当地做太守，李白便逗留了一阵。

乾元二年，李白应友人之邀，再次与被谪贬的贾至泛舟赏月于洞庭之上，发思古之幽情，赋诗抒怀。不久，他又回到宣城、金陵旧游之地。差不多有两年的时间，他往来于两地之间，仍然依人为生。上元二年，已六十出头的李白因病返回金陵。在金陵，他的生活相当窘迫，不得已只好投奔了在当涂做县令的族叔李阳冰。

传说当李光弼东镇临淮时，李白不顾61岁的高龄，闻讯前往请缨杀敌，希望在垂暮之年为挽救国家危亡尽力，但因病中途返回，次年病死于当涂县令、唐代最有名的篆书家李阳冰处。

而另一种关于李白死亡的说法则多见诸民间传说，极富浪漫色彩，说李白在当涂的江上饮酒，因醉跳入水中捉月而溺死。这与诗人的性格非常吻合。

但是不管哪一种死法，都因参与永王李璘谋反作乱有着直接的关系。因为李白流放夜郎，遇赦得还后不久，就结束了他传奇而坎坷的一生，这是一个不争的事实。

苏秦和张仪分别是谁

以成败论英雄，张仪厉害；以城府论，张仪厉害；以巧舌如簧论，苏秦厉害。两个人都是鬼谷子的学生，苏秦先出合六国而攻秦，但是六国各怀鬼胎，不能合作，最终还是以兵败告终。

《史记》记载苏秦是东周洛阳人，曾跟随齐国的鬼谷先生学习，后出游数岁，一无所获而归，遭到家人的讥笑。于是他发愤用功，得周书《阴符》后认真研读，领会出如何方能投人主之所好的奥秘。他先去游说周显王、秦惠王和赵肃侯，但都未成功。接着又到燕国去见燕文侯。文侯接受了他的合纵主张，并资助他车马金帛，使他能到赵、韩、魏、齐、楚几国去游说。六国经过他的劝说而联合起来，苏秦成为纵约长，“并相六国”。

张仪是魏国贵族后裔，学纵横之术，主要活动应在苏秦之前，是战国时期著名的政治家、外交家和谋略家。秦惠文君九年，张仪由赵国西到秦国，凭借出众的才智，被秦惠王任为客卿，筹划谋略攻伐之事。次年，秦国仿效三晋的官僚机构开始设置相位，称相邦或相国，张仪出任此职。他是秦国置相后的第一任相国，位居百官之首，参预军政要务及外交活动，从此开始了他的政治、外交和军事生涯。张仪拜相后，积极为秦国谋划。他采用连横术迫使韩、魏太子来秦朝拜，并与公子华攻取魏国蒲阳。又游说魏惠王，不用一兵一卒，使得魏国把上郡15县，包括少梁一起献给秦国。

项羽究竟为何兵败

项羽，自然是一位英雄。他天生神力，“吴中子弟皆惮之”，志向博大高远。有一天，始皇周游会稽，项羽脱口而出：“这个人可以取而代之呀！”他的叔叔项梁因此对他惊奇不已。之后他起兵反秦，众人纷纷响应。他破釜沉舟，救赵破秦，让诸侯“莫敢仰视”。后自封西楚霸王，众王反叛，更见其骁勇。他很讲信义，只因允诺了项伯“善遇”刘邦的进言，他不顾亚父“示之者三”，在鸿门宴上放走了罗网中的刘邦。

当兵败乌江时，他拒绝登上乌江亭长的救生船，面对身后的丛林干戈，他笑对死亡，气概何其豪迈。真正的勇士，是无法被震慑的。有人说：项羽最大的失误，就是在鸿门宴上未听从谋士范增之言，以至放“虎”归山，招致最后的失败。其实，项羽放走刘邦是不能用对错简单定论的。项羽的性格弱点贯穿了他一生，他似乎无意加以改变。这对一个有着远大抱负和理想的英雄来说，是不可思议的。

“成也萧何，败也萧何”究竟是为什么

“成也萧何，败也萧何”——这是韩信临死前的慨叹。韩信年轻时带剑投奔项梁，默默无闻；后投奔项羽，也只做个郎中。他多次献策以求重用，项羽都未采纳。

刘邦入蜀时，韩信弃楚而投汉，依然默默无闻。他只任迎宾小吏，却因犯法被处斩刑，刀下口出狂言，惊动滕公夏侯婴，荐为治粟都尉。是萧何发

现了韩信这个奇才，但韩信仍未获重用。军至南郑，韩信自觉出头无日，便随众将逃亡。萧何未及请示，便月下追韩信。

后来，韩信运筹帷幄，逐鹿中原，为刘汉王朝打下半壁江山，封王列侯。有人告他谋反，刘邦削了他的兵权。汉十年，刘邦亲征陈口。韩信称病未出，却暗中派人与陈联络。家臣告密，坐镇京城的吕后想召见韩信，又怕他拥兵不肯就范，就同萧何商议计策。毕竟萧何老谋深算，他派人传旨韩信，声称陈口已经被捉拿斩杀了，列侯、群臣都要进宫朝贺。萧何欺骗韩信道："你尽管有病在身，也得勉强进宫朝贺，以免皇上生疑。"

可怜韩信聪明一世，糊涂一时。一踏进宫门，即被吕后预伏的刀斧手劫持捆绑，架至长乐宫悬钟室，身首异处了。这是第二次临刑了，他喟叹道："我后悔没有采纳蒯通的计谋，竟被妇人小子所欺骗，这难道不是天意吗？"于是吕后诛杀了韩信一家三族。这就是败也萧何。

刘勰的故事

《文心雕龙》是中国文学理论批评史上的巨著。《文心雕龙》的作者刘勰是我国南北朝时期著名的文艺批评家。他出身贫寒，好学上进，年轻时就下苦功写成了一部文艺理论著作，可是一直没有机会得到名人的指教。后来，他几次求见当时的大文学家沈约，都被拒之门外。在无可奈何的情况下，他乔装打扮成一个卖书郎，带着一个大包裹，整天在沈约家门前盘桓，等待时机。

有一天，刘勰正好瞧见沈约乘车回家，连忙迎上去，放开嗓子高声喊道："卖书！卖书！都是古装珍本哟！"沈约是个书迷，听说卖好书，便立即吩咐家人停车，想看个究竟。刘勰乘机呈上自己的作品，说："沈大人，这里哪有什么珍本，只因小人写了一部书，一直得不到大人的指教，才化装成卖书郎在此等候。”沈约听后，不仅没有生气，还把刘勰请到家里。

沈约读完刘勰的作品后，发现这是一部很有价值的书。他对刘勰热情地鼓励一番，又提出许多中肯的意见。刘勰按沈约的意见将文稿认真做了修改。这便是后来在我国文学史上享有很高声誉的名著《文心雕龙》。

第5章　趣味语言

中国的语言不仅神奇、有趣，还蕴涵着丰富的文化。语言，记载着中华民族的物质和精神的历史，蕴藏着中华民族独特的审美性格，它不再是僵硬的符号，而是有形象、有色彩、有故事的精灵。

“五福临门”中的“五福”指什么

很多人都知道“五福临门”这个成语，可是很少有人知道“五福”所指的是哪五种福。至于“五福临门”说法的来源，知道的人就更少了。

那么“五福临门”中的“五福”到底指什么呢？其实很简单，它们都是和人们的日常生活息息相关的。第一福是“富贵”，钱财富足，地位尊贵；第二福是“好德”，宽厚宁静，生性仁善；第三福是“长寿”，福寿绵长，命不夭折；第四福是“康宁”，身体健康，心灵安宁；第五福是“善终”，善能久远，有始有终，身无疾病，寿终正寝。

这五福如果单从一个方面来说，人生并不是十分幸福的。比方说，有的人富贵而健康状况不佳，有的人富贵而短命，有的人长命百岁而贫贱度日，有的人贫贱而善终，有的人富贵长命而最后却惨遭横祸……人生境遇多的不胜枚举，而只有五福合起来才能成就幸福美满的人生。

“福如东海，寿比南山”中的“东海”和“南山”分别指的是哪里

人们给老人祝寿时，都习惯用“福如东海长流水，寿比南山不老松”这句话，但知道这句话里所说的“东海”“南山”的具体方位的人却不多。

其实这里所说的“东海”就是现在的渤海。在古代，渤海是人们心目中最大的海。因为中国古代的经济中心在黄土高原、华北平原，毗邻渤海。

关于南山的说法最早见于《诗经·小雅·天保》：如月之恒，如日之升。如南山之寿，不骞不崩。大意是：犹如上弦的月，好比初升的日。恰似南山之寿，不会崩坍陷落。但这里的南山是指哪座山，确实很难考证了。

有一种说法是：相传唐代高僧鉴真在公元748年与三十五个门徒第五次东渡日本时，因遇到台风，漂流至今天的三亚市时已经是筋疲力尽，当他们踏上南山的土地时，却马上恢复了精神。这件奇事一传十、十传百，人们从此把南山叫做仙山。

“有眼不识泰山”的“泰山”是今天的山东泰山吗

“有眼不识泰山”，就是指山东的泰山吗？

我们常常用“有眼不识泰山”这句话来比喻“眼力笨拙”“见识浅陋”。这里泰山就是现在山东的泰山吗？

关于“有眼不识泰山”这句俗语的来历有个有趣的传说，但却与山东的泰山毫无瓜葛，反倒是跟中国建筑业的祖师爷鲁班有关。

传说鲁班对徒弟要求极严，从不轻易放过他们的缺点，而且十分珍视自己得来不易的声誉。为了保持声誉，他便每隔一段时间就要从徒弟中淘汰个别“不成器”的人。有一年，有个叫“泰山”的年轻人因为技艺长进不大，而被鲁班辞掉了。

事隔数年，一次鲁班在集市上见到一批制作精巧的竹制家具，便想结识这个制造竹器的高手。于是，鲁班便向当地人打听制作这些家具的人的名字，当听说他就是被自己赶下山的泰山时，大吃一惊。于是，鲁班对于当初错辞泰山的事很是惭愧，并且叹道：“我真是有眼不识泰山啊！”

直到今天，“有眼不识泰山”还是一句流行语。

“员外”这个词为何是土财主的代名词

“员外”最早是一个官职的名字。武则天时代的职事官就包括正员官和员外官。但是那时的“员外官”却是正式编制以外的官，说白了就是一个虚官衔，并非正式官员。

在武则天统治时期，朝廷为了广揽人才，发展和完善了科举制度，允许自举为官、试官，并设立员外官。据《唐会要》记载：“员外及检校试官斜封官，皆神龙以后有之。”

唐玄宗继位以后，下诏罢除所有的员外官、试官和检校官，并对以后这三种官的任命做出了明确规定。“员外及检校试官斜封官开元大革前事，多已除去，唯皇亲战功之外，不复除授。今则贬责者，然后以员外官处之。”从这条记载可以看出，从唐玄宗以后，担任员外官的就主要是那些被贬的官员了。

随着时代的变迁和官制的改革，到了明朝以后，员外官已经成为一种闲职，更与财富联系在一起，只要肯花银子，地主和商人都可以捐一个员外官来做。自然，“员外”这个词也就渐渐成为土财主的代名词了。

单身汉“王老五”名称的由来

“王老五”是民间特指没有老婆的男人的一个俗语，其来历无从考证。俗语说：“王老五，命真苦，裤子破了没人补。”也许就是这句俗语，才会让王老五成了单身汉的代名词。

王老五真正出名是因为一部名叫《王老五》的故事片问世。影片塑造了一个单身汉主人公“王老五”，因家庭贫困，年已三十五岁却仍未娶妻成家。后来帮助老家的邻家姑娘埋葬老父亲，才博取了对方好感，最终两人结婚。婚后他们生儿育女，家庭生活更加窘迫。因汉奸诬陷，王老五不仅被大家误解，还被敌机掷弹轰炸身亡。借助影片的影响，这部电影中的歌曲不仅成为当时的流行歌曲，“王老五”的大名也广为流传，自此单身汉们便有名有姓，一直叫到今天。

如今，“王老五”这个词也变了味，不再是一无所有、没人青睐的单身汉了。比如，“钻石王老五”就特指事业有成而尚未结婚的男性，这可是不少女士们趋之若鹜的对象呢！

“磨洋工”这一说法是怎么来的

在生活中，我们时常听到有人用“你在磨洋工呀！”这句话去责备那些办事态度消极、有意拖延时间的人。当然，我们都知道这里的“磨洋工”是个贬义词，一般指做活时偷懒，消极怠工。

但是，“磨洋工”这个词的最初含义并不是“磨蹭、怠工”的意思，而是建筑中一道工序的代名词。我国古代对房屋建设十分讲究，要求用“磨砖对缝”来保证质量上的完美。其中有所谓“磨工”，就是对砖墙的表面进行打磨，使之平整、光滑的一种功夫，相当于现在的勾缝和打磨石类。

1917年至1921年，美国用清政府的“庚子赔款”在北京建造协和医院和协和医学院。全部工程耗资500万美元，占地22公顷，而且建筑质量要求甚高，外观上采取中国传统的磨砖对缝、琉璃瓦顶建筑工艺。由于这项工程是由外国人出资、设计，中国工人就称它为“洋工”。协和医院共有主楼14座，又是高层建筑，“磨工”工序十分浩繁。所以，参加建筑工程的许多工人就把这一工序称为“磨洋工”。

卖“关子”的古时含义是什么

在现实生活中，我们常常用“卖关子”这个词来比喻那些在要紧、关键时刻故弄玄虚，让听者着急无奈的人。可为什么要卖“关子”呢？这个关子到底是个什么东西，如何能卖呢？

其实在古时候，这个“关子”确实是可以买卖的。宋代的会计、贸易、税收、开垦土地的凭证，或者空白执照就叫“关子”。到北宋末年“关子”已成为可以买卖转让的票据了。在南宋，“关子”是政府印刷的一种纸币。根据《宋史》记载，南宋高宗绍兴元年（1131年），婺州出于筹措军费的目的而印造了一种“关子”，商人用现钱在婺州换取关子。可见这种关子有交易凭证的职能。

而今天所说的“卖关子”应该是由古时的真正可以卖的关子演变而来的。

“纸老虎”最早是谁使用的

人们一般用“纸老虎”这个词来形容一些外强中干的人。有人认为“纸老虎”这个词是陈独秀最早使用的，其实不然，陈独秀只是第一次将其用于文章中。

“纸老虎”一词源于民间。在《扫迷帚》一书中有这样一句话：“自今以往，事事悉凭经验，一切纸糊的老虎，都尽被人戳破，不值一文。”先不说这本书的问世早于陈独秀，单单就“纸糊的”这三个字，就可以使我们想起民间古已有之的“纸糊老虎”的工艺造型——元宵花灯以及殡仪队列中的纸佣。人们正是在现实生活中这种“纸糊老虎”具体事物的启发下，才创造性地使用了“纸老虎”一词，也才有了纸老虎的比喻意义。据此可以说“纸老虎”一词源于民众之中，而作为书面语言，它的确是最早见于陈独秀之文的。

说大话为什么叫“吹牛皮”

人们经常用“吹牛皮”来比喻说大话。为什么要用“吹牛皮”来指代说大话呢？说大话跟吹牛皮有什么关系？这个词又是怎么来的呢？

经考证，“吹牛皮”这个词来源于陕甘宁和内蒙古一带。以前，这些地方紧挨着河流，所以当地的人们得靠划皮筏子过河。皮筏子有羊皮的也有牛皮的，用的时候就往里面吹气，扎好口后，才能作为渡河的工具。小筏子连在一起就成为大筏子；大筏子如果连在一起，数千斤的重物便可以运过河去。

所谓“吹牛皮”，就是往皮筏子里吹气，看似简单，其实是需要技巧的。因为吹牛皮有一定的难度，于是人们便在讽刺那些说大话的人时，总是说：“有本事去河边吹吹牛皮看看。”久而久之，“吹牛皮”就成了说大话的代名词。

讹诈勒索别人为什么叫“敲竹杠”

“敲竹杠”这个词，现在的意思是指凭借势力，或利用他人弱点，或以某种借口，勒索讹诈人家钱财。关于“敲竹杠”的由来，还有一个传说。

清朝末年，鸦片的引入使得很多当时倒卖鸦片的烟土商发了大财。清政府便对此类行为进行严肃整顿，情况有了好转，但这也使得很多人断了财路。然而，面对巨大利益的诱惑，还是有人冒着被抓进监狱的危险继续从事贩卖烟土的生意，因为这个生意利润实在是太大了。

清朝的关卡检查变得十分严厉，但是并没有挡住一位狡猾的云南贩卖客商，他从来没有被关卡查获过。为什么清朝海关的关卡查不出赃物呢？这当然得归功于这位云南商人藏禁品的方法独特。他在毛竹刚生长时，剖开嫩竹，把准备好的烟土藏进去，等到毛竹长大后，便将毛竹做成竹杠、船篙等类似东西。此种办法真是巧妙，竟然一点儿也没有露出痕迹。

但是事情总不能那么一帆风顺。有一次，关卡检察官正准备让这艘夹带烟土的船只放行时，一个在关卡办事的绍兴师爷突然吸着长管旱烟走到船上，无意之中，他拿着烟袋锅子朝搁在船舱里的竹杠“哨哨”地敲了几下，精明的云南客商听到声音，以为绍兴师爷看出了他的秘密，于是马上向师爷行贿。那位绍兴师爷其实并没有发现什么，但是他见钱眼开，也就没有进一步追问。

就这样，“敲竹杠”一词便在民间流传开来，其本来的意思也逐渐被人们所改变。

“碰瓷儿”这一说法是怎么来的

北京方言中常用“碰瓷儿”这个词语来形容那些投机取巧、敲诈勒索的行为。那为什么要这样说呢？这个词语是怎么来的呢？对于“碰瓷儿”的由来有两种说法。

一种说法是：在清末时期，有一伙人为了找到一个能敲诈勒索他人钱财的借口，就专门抱着瓷器去路边撞马车。与马车发生碰撞后，这伙人就故意把瓷器摔坏，然后说那瓶是他爷爷的奶奶的二舅妈的大姨子那代的古董，值多少多少银子，要求车主赔偿。于是车主就被狠狠宰了一把白花花的银子，要不然他就甭想脱身而去。瓷器碰马车，就叫“碰瓷儿”。

还有一种说法：一些卖古玩的人，故意把瓷器摆在路中央，专门等待路过的人不小心把瓷器碰坏，他们便可以借机讹诈。可怜被“碰瓷儿”者，气受了，钱花了，还得抱回一堆碎瓷。

现如今，被“碰瓷儿”这类倒霉事更多的是发生在私家车主身上，在广州、北京等地甚至还出现了团伙作案的“职业碰瓷党”。“碰瓷儿”是民间的一种说法，实际就是诈骗违法犯罪的一种表现形式。

杀鸡儆猴——鸡与猴有什么特殊的关系吗

俗语有“杀鸡给猴看”，意思是为了警告、恐吓一些人而惩罚一个人，以起到杀一儆百的作用。让人迷惑的是：为什么只是杀鸡给猴子看，杀别的动物难道不可以吗？还是猴子和鸡本身就有什么特殊的关系呢？

原来猴子最怕见血，人们为了驯猴，就利用它怕见血的弱点去恐吓它，以便使猴子轻松地被人驯服。而为何只杀鸡，有一种很迷信的说法：据说鸡是阳气很重的动物，所以鸡血对于猴子的震慑作用最大。当然，这种说法归根结底恐怕还是因为猴子很有灵性，所以看到杀鸡就能反省自己的行为。可是鸡就很冤枉了，为了给猴子现身说法，它们还要白白地赔上性命。自然，后来“杀鸡给猴看”就成了人们用以警告、威吓的俗语了。

“破天荒”这一说法是怎么来的

很多时候，人们都喜欢用“破天荒”这个词来形容从未发生过或第一次出现的事情。但为什么要这么说呢？追根溯源，这个词来源于《唐摭言》中的一个小故事。

唐代的荆州南部地区文气凋零、学风不盛，四五十年都没出过一个举人，更别说是金榜题名了。所以当时的人们便把荆南地区戏称为“天荒”。“天荒”这个词的本义是指亘古未开化的原始状态，荆南之所以被称为“天荒”，则是嘲弄讽刺这里是没有举人的偏僻落后地区。

直到唐宣宗大中四年，荆南举子刘蜕一举考中进士，这才破了“天荒”。当时魏国公崔铉镇守荆南，赠给刘蜕“破天荒”钱七十万，刘蜕不受，回书谢道：“五十年来，自是人废；一千里外，岂曰天荒。”

“破天荒”的说法即由此而来。

记不住他人说的话为什么叫“耳边风”

耳旁风，又称耳边风，是从成语“秋风过耳”演变过来的。年长的人在批评晚辈、孩子时常说：“说过你多少次了，总是记不住，是不是把我的话当做耳旁风了啊？”这个词最早出自汉代赵晔的《吴越春秋·吴王寿梦传》：“富贵之于我，如秋风之过耳。”

春秋时，吴王寿梦有四个儿子。寿梦最宠爱小儿子季札，因为季札的才能最为出众，品德最为贤良。寿梦临终前想要改变传位给长子的制度，而把王位传给季札，但遭到了季札的坚决推辞。

但是寿梦也对长子诸樊和其他孩子说了想把皇位让给季札的想法，由于季札不肯答应，寿梦便立下遗书规定王位由季札他们兄弟相继继承。寿梦死后，诸樊等诸位兄长坐过王位之后，便按照父王的遗训准备让季札继位。但季札还是坚决不从，他说：“父王离世前，我曾明确表态不继承王位。做人只要行为正派，品格高尚，至于荣华富贵，不过就像秋风过耳，没什么值得留恋的。”

从上面的叙述中我们可以看出，今天“耳旁风”的语义发生了些许变化，但是变化并不是太大。

“狗腿子”的故事

现在，人们喜欢用“狗腿子”这个词来形容那些没有真本事却仗势欺人的人。可为何要这样说呢？关于这个词的来历还有一个有趣的故事。

从前，有一个恶霸地主，他养了一个家奴，很坏。家奴又养了一条狗，也很坏。他们三个真是人仗狗势狗又仗人势，人们都讨厌他们，背后叫他们恶主、恶奴、恶狗。

有一天，他们又去偷爬人家小寡妇的墙头，不小心恶霸地主摔断了一条腿，疼得哇哇直叫。奴才一见很是心痛，就溜须说："主子，截下我这条腿来给您老安上吧。"地主一听心里很是乐意，但还是说："那你呢？"家奴回头瞅见了那条恶狗，心中立时有了主意，回说："我不会安一条狗腿吗？""那狗呢？"恶霸还记着恶狗对自己的功劳，心疼地问。恶奴倒挺有办法，眼皮一眨就说道："咱给它安上条泥腿。"恶霸地主觉得这法子虽欠妥，但为了自己，也难得奴才一片孝心，就同意了。

从那以后，人们就把那些仗势欺人的人叫"狗腿子"了。

为何"拿人家的手短，吃人家的嘴软"

我们时常听到有人用"拿人家的手短，吃人家的嘴软"这句话来教育、警示别人。为什么要这样说呢？追溯它的起源，就要说到春秋时期。

春秋时期，鲁国的宰相公仪休特别喜欢吃鱼，于是那些想要巴结他的人便不断地送鱼给他。但是公仪休对于别人馈赠的鱼一概不接受。他家里的佣人便问他："先生十分喜欢吃鱼，但是您为什么不接受别人送的鱼呢？"公仪休义正词严地说："正因为我喜爱吃鱼，所以才不接受他人送的鱼。如果我接受了别人的鱼，以后办事时一定要迁就别人，这样很可能就会知法犯法，就有被罢黜的危险。如果我的宰相之职被罢免，即使再喜爱吃鱼，这些人也一定不会送鱼给我了，而我自己到那时候也没有能力去买鱼了。所以我不接受他人的馈赠，就不会徇私枉法，这样就不会被免职，不免职，即使爱吃鱼的嗜好一辈子不变，也能长期靠自己的薪俸来买鱼吃。”

公仪休的这些话说得很实在也很在理，所以后来人们就把它概括为“拿人家的手短，吃人家的嘴软”，以此警示自己，教育他人。

第6章　风俗文化

中国有五十六个民族，各民族交错杂居，长期的经济交流、文化交往，风俗相染、语言相习，共同进步，共同发展，创造了这里独特的文明史。而在古代，各民族各地区的风俗文化也是相当有趣的。

本命年真的灾难多吗

本命年就是十二年一遇的农历属相所在的年份，俗称属相年。在传统习俗中，本命年常常被认为是一个不吉利的年份，而在本命年里的人万事都要小心注意。

“本命年”有着悠久的历史传统，而这种传统起源于中国的十二生肖和“崇红”心理。在中国古代，人们是用天干地支的组合来记住自己所出生的年份。为了便于记忆和推算，人们就采用鼠、牛等十二种动物来与十二地支相对应的方法，每年用其中的一种动物来作为这一年的属相。而汉族人的本命年就是按照十二生肖循环往复来推算的。一个人出生的那年是农历什么年，那么以后每到这一属相年便是此人的本命年。又由于十二生肖的循环往复，每过十二年，人们就要遇到自己的本命年。

古人的医疗水平不发达，平均寿命比较短，因此人们每度过十二年，就会认为是一个轮回了，又由于我国古人对红色的崇拜心理，因而，形成了非常重视本命年的习俗。

“本命红”真是为了辟邪吗

本命年的说法在民间非常流行。在南北民俗中，都有通过在本命年挂红来辟邪躲灾的传统。因此，在民间，人们每逢本命年对红色就特别钟爱。

红色是火的颜色，可以用来辟邪，象征着吉祥，这种观念早在原始社会就已经存在。并且，随着时代的变迁，中国人对红色的喜爱程度上升到了近乎崇拜的高度，如新年贴红对联，汉族人结婚用的红嫁衣、红盖头、红蜡烛，以及古时新科的红榜等。因此，不少人在自己本命年来临的年三十，便早早地穿上红色内衣或系上红色腰带，甚至将随身佩戴的饰物也用红丝绳系挂。而这些为本命年辟邪的红色物品，通常被人们称为“本命红”。

福相“天庭饱满”是怎么来的

寿星，又称南极仙翁，他是由一颗星辰转化而来的，这颗星在天文学里的名字是船底座α星，位于南半天球南纬50度左右，在中国北方地区其实很难看到。司马迁《史记·天官书》中记载，秦朝统一天下时就开始在首都咸阳建造寿星祠，供奉寿星。

历史上也流传着“寿星”一词来源于老子的说法。老子姓李名聃，字伯阳，楚国苦县曲仁里人，是我国古代的哲学家，后被神化为道教始祖。《神仙传》中说他在周朝已三百多岁，生来满头白发，头顶隆突，广额大耳，长眉宽鼻，方口厚唇，额刻三五纹理，耳有三个漏门，性情恬淡无欲，主张无为而治。后人们以他的长寿为偶像，顶礼膜拜。祝人长寿，常用“寿星”相称。因而后人便按照这种说法描绘出了寿星的“大脑门”。

当然寿星的大脑门儿，也与古代养生术所营造的长寿意象紧密相关。比如丹顶鹤的头部就高高隆起，再如寿桃是王母娘娘蟠桃会上特供的长寿仙果，传说是3000年一开花，3000年一结果，食用后立刻成仙长生不老。或许就是因为这种种长寿意象融合叠加，最终造就了寿星的大脑门儿。

其实不光如此，古代均视“天庭饱满”为福相，而老寿星又无疑是长寿多福的代表人物，因此把额头做得足够丰满也体现了人们对寿星的重视，以及对长寿多福的无限渴望之情。

虚岁和周岁的区别

在通常状况下，中国人有两个年龄——“虚岁”和“周岁”。对于“周岁”是怎么回事，一般人还能说得清楚。而虚岁如何“虚”，却容易让人感到迷惑。

很多人认为，周岁加一岁得出的结果就是虚岁，这是一个并不准确的说法。其实，很多时候，所谓的“虚岁”一般只用于男人，即“男进女满”，意思是男人按虚岁计算年龄，女人则按实岁计算年龄。照此方法，虚岁也就不只是周岁加一岁那么简单了。

虚岁的具体计算方法是这样的。一个人一出生就算一岁，如果恰好这人出生在农历年年末，那么不但一出生就算一岁，而且一到大年初一又要加一岁。如此算来，这孩子到满实岁一岁时，而虚岁却已经三岁了。

计算虚岁时，春节是一个特别重要的分水岭，每过一个春节，虚岁就得加上一岁。如果一个人的生日是阴历的腊月中下旬，那这个人还没有满月他的虚岁就到两岁了。所以，认为虚岁就是周岁加一岁的这种说法显然是不正确的。

知道了这个道理，大家就会理解，为什么很多老人往往会提前两年过自己的七十大寿、八十大寿。

古代结婚的步骤是怎样的

现在的青年男女，感情发展到一定的程度，想要成家，只要符合年龄和相关法律规定，就可以拿到结婚证书。但是，在古代，婚姻远没有这样简便，而是形成了一整套繁琐的“六礼”。

一要“纳采”。一个小伙子一旦看中某姑娘，家里也喜欢，那就要开始行动了。先由小伙子家请媒人向姑娘家里提亲，并且要用一只大雁向姑娘家正式求婚。这是因为，大雁的配偶是终身专一的，象征着忠贞、和谐。

二要“问名”。现代社交礼仪中是不兴问女士年龄的，而“问名”却是古代婚姻中必不可少的第二道程序，这便是小伙子家让媒人去问清楚姑娘的姓名和生辰八字。

三要“纳吉”。上面的“问名”可不是白问的，小伙子家里要到宗庙里占卜一番看看两个人生辰八字是否合拍，两个人结合是吉兆还是凶兆。

四要“纳征”，又叫“纳币”。这就相当于现在的送彩礼，小伙子家里向媒人和姑娘家送三样礼物——深红和浅红两种颜色组成的衣物，五匹长帛，一对鹿皮。

五要“请期”。这便是要选择一个黄道吉日来举行婚礼。并且，在选好之后，还要由媒人带一只大雁去通知姑娘家。

六要“迎亲”。经过这么多的程序，饱受苦等的小伙子终于可以带上队伍去姑娘家里迎娶自己的心上人了。

虽然，“六礼”非常严谨，并且步骤明确，但要男方家耗费巨大的财力和精力，这对贫苦人家来说是非常不易的。在今天的婚姻中，“六礼”的遗风还是存在着的，只是表现的形式与古代有所不同罢了。

“交杯酒”是婚礼习俗吗

喝“交杯酒”，是我国婚礼程序中的一个重要程序，在古代又称为“合卺”(“卺”的意思本来是一个瓠分成两个瓢)，古语有“合卺而酳”，孔颖达解释道：“以一瓠分为二瓢谓之卺，婿之与妇各执一片以酳(即以酒漱口)。”由此可知，“合卺”就是古人在婚礼上用酒来漱口的意思。再到后来，“合卺”则被引申为结婚的意思。

据说，这一习俗源于先秦时期，唐代时除了沿用瓢作酒器外，也可以用杯子代替。到了宋代，新婚夫妇喝交杯酒时用的是两个酒杯，先饮一半后再换杯共饮，饮完后则将酒杯一正一反掷于床下，以示婚后百年好合。

清末，交杯酒仪式已发展成为“合卺”“交杯”“攥金钱”三个部分。如今的婚仪中，“按杯于床下”之礼已被革除，“攥金钱”已被“掷纸花”所代替，但是喝“交杯酒”的礼仪仍然实行。

回门有什么含义

旧时汉族婚俗中，有一种叫做“回门”的婚俗，即成婚后三天、六天、七天、九天、十天或满月，女婿要带着礼品跟着妻子返回娘家，来拜见妻子的父母和亲戚。在这之后，婚俗仪式才能真正意义上的结束。

其实，这种习俗起于上古，称为“归宁”，其真正的意思是为婚后回家探视父母。后来，在演变的过程中，不同的时期又有不同的叫法。宋代，称为“拜门”；清代，北方称“双回门”，南方称“会亲”，河北某些地区称“唤姑爷”，杭州称“回郎”；近代，在婚后第三天，又称“三朝回门”。此习俗表示女儿不忘父母的养育之恩赐，女婿感谢岳父母将掌上明珠嫁予自己，以及新婚夫妇恩爱和美等意义。一般来说，回门的这天新娘家要准备丰盛的宴席，而且新女婿要坐在上位，由新娘家的长辈陪着。新婚夫妇通常要在当天回来，或者留住数日。如果需要留住的话，新婚夫妇也不一定要同居一室。

“红喜蛋”的习俗

在江南地区，结婚要分“红喜蛋”，而且不论亲好友，甚至陌生人也可以向新娘子“讨红喜蛋”。而作为新婚家的人，则是笑脸相迎，来者不拒。这一风俗习惯，已有非常悠久的历史了。

结婚分“红喜蛋”来源于一个有趣的传说。“刘备招亲”是东吴都督周瑜用的计谋。周瑜想用假招亲、真扣留的计策，拿刘备当人质交换荆州。不料这一计策早就被刘备的军师诸葛亮识破。诸葛亮设下了“锦囊妙计”，其中有一条就是“红喜蛋计”，即刘备去东吴时，带上大量染成红色的鸡蛋。并且，到了东吴后，逢人便分，一无遗漏。同时，还说这是皇室礼仪，十分隆重。而没分到“红喜蛋”的人，还纷纷到刘备住的驿馆去讨。刘备更是来者不拒，一般来客让手下人分，若是头面人物则亲自动手分，大造了招亲舆论。东吴本来没有这种风俗习惯，都觉得新鲜，便一传十，十传百，弄得家家户户都知道东吴公主孙尚香与皇叔刘备即将成亲了。结果，假戏真做，刘备得个好夫人，而周瑜则落了个“赔了夫人又折兵”的下场。

从此，江南添了个婚俗习惯，每逢结婚便分“红喜蛋”。其实，不管怎么说，“红喜蛋”象征着新婚人家“龙凤呈祥”，是一种美好的祝愿。

保安族的婚礼习俗你知道吗

保安族的婚礼一般在主麻日（即星期五）举行。婚礼当日由男方率亲朋数十人的迎亲队去迎娶新娘，其中要有两位年轻貌美的妇女参加。在女方家进行祝福仪式时，阿訇要从窗口向院里撒出一盘红枣和核桃，而院子里的年轻人就要开始争抢，表示吉祥如意、早生贵子、夫妻和睦的意思。然后，由新娘村里的年轻人向新郎讨要“奴工木哈”，即羊羔肉。这样做的意思就是向新郎说明，他不能白娶走村里的姑娘，是要付出一定代价的。

当女方家的送亲队送新娘离家时，让新娘从自己的房门到大门外倒退走出，退一步，撒一把用油麦、豆、玉米、茯茶等混合而成的五色粮，以将幸福留给父母。在新婚之夜，全村人会聚集在院内唱“宴席曲”，有问有答，十分热闹。婚礼接近尾声时，人们会跳起舞来，并且边跳边向大门退去。新娘嫁入男方家后三天内，不能吃婆家的饭，而由娘家送来，以示不忘父母的养育之恩。

“义结金兰”是什么意思

“义结金兰”一词来自于《易·系辞上》中记载的“二人同心，其利断金；同心之言，其臭如兰”。其中，用斩断金属的锐利和宛如兰花的香味来形容朋友之间的深厚友情。这样看来，“义结金兰”一词还真是和兰花有关。

有了这些典故，后世就将朋友间情投意合，进而结为异姓兄弟或姐妹的行为，称为“结金兰”（契若金兰）。按照规矩，义结金兰时，还要交换谱帖，称为“金兰谱”或“兰谱”。因此，在民间，结金兰、拜把子又称为“换帖”。在结拜的时候，每人用一张红纸写上自己的姓名、生辰八字、籍贯，以及父母、祖父、曾祖三代的姓名，相互交换。最后，摆上天地牌位，根据年龄的大小，依次焚香叩拜，一起读誓词。

“走马灯”指的是什么

正月十五元宵节，民间要挂花灯，而“走马灯”则是其中最重要的一种。走马灯又叫跑马灯、串马灯，用毛竹编织成马头、马尾，再在其身上糊上颜色鲜艳的纸或丝绸，最后将绘好的图案粘贴其上就成了。燃灯以后，热气上升，纸轮旋转，灯屏上即出现物换景移的影像。

早在宋朝的时候，就已经有了走马灯，当时称“马骑灯”，此名字是一个很形象的比喻。元代谢宗可咏走马灯诗云：“飙轮拥骑驾炎精，飞绕人间不夜城；风鬣追星来有影，霜蹄逐电去无声。秦军夜溃咸阳火，吴炬霄驰赤壁兵；更忆雕鞍年少日，章台踏碎月华明。”更是将“走马灯”描绘得活灵活现。

在过去，走马灯一般在春节等喜庆的日子里才表演，多由二十来个十一到十四岁的少年组成，边跳边唱，并根据节奏的快慢形成不同的队型，有喜庆、丁财两旺、五谷丰登的寓意。

财神具体指哪些神灵

每逢新年，家家户户都会悬挂财神像，希望得到财神保佑，以求大吉大利。

财神也因时因地而有所不同。财神，一般认为有所谓“正财神”赵公明，“文财神”比干、范蠡，“武财神”关羽等。其中，最为人们熟知的财神，则是“正财神”赵公明。

（1）赵公明——专司人间财富之神。在民间奉祀的财神中，影响最大的当推赵公明。旧时年画中，赵公明的形象多为头戴铁冠，手持宝鞭，黑面浓须，身跨黑虎，面目狰狞。因此，人们又称其为“正财神”。

（2）比干——公正无心的纣王叔。在民间年画中，比干的神像为文官打扮，头戴宰相纱帽，五绺长须，手捧如意，身着蟒袍，足登元宝。

（3）范蠡——生财有道的陶朱公。范蠡是春秋战国之际杰出的政治家、思想家及谋略家，同时，还是一位生财有道的大商家。范蠡父子在齐国海边耕种土地，勤奋治产不久，就积累家产数十万金。这是天下人所共知的，但范蠡一生艰苦创业，积金数万，善于经营，善于理财，又能广散钱财，故称其为文财神。

（4）关羽——忠诚信义为本的关公。关羽在中国是一个家喻户晓、妇孺皆知的人物。近代以来，越来越多的人把关公作为全能保护神、行业神及财神。

除了以上介绍的这些财神之外，还有偏财神，这是就财神所在的神像位置而言的，多是指被称为“五路神”的财神。

山西人为什么要“抹黑”“抹红”

在山西省的运城市、永济县、芮城县等地，流行着一种奇特的风俗，那就是在喜庆的日子里，要给长辈“抹红”或“抹黑”。比如，儿子结婚时，要给父母“抹红”或“抹黑”。在儿子生下小孩以后，也要给小孩的爷爷、奶奶“抹红”或“抹黑”。这种“抹红”或“抹黑”，并不是平常意义上的抹黑，而是带有一种喜庆色彩。

一般“抹红”或“抹黑”时，都由同辈人去完成，而不是由下辈、晚辈去给抹。同辈人抹时，男的给男同辈抹，女的给女同辈抹。

这种抹，常常是趁其不备而进行的。比如，张大爷的儿子结婚，李大叔前来贺喜，李大叔对张大爷说：“大哥，你们家又添新丁了，恭喜恭喜！”就在说话中间，李大叔已经伸出带着黑色油污的手，趁张大爷不防备，给他抹上去。

无论是“抹红”还是“抹黑”，都有着开玩笑、添彩以及增加喜庆的意味。同时，这种民情风俗，也具有明显的地方特色。

“走百病”的祈福活动

“走百病”是明、清以来流行于北方的民俗活动，多半是在正月十五或十六这两天里举行。这天，妇女们要穿着节日盛装，成群结队走出家门，走桥渡河，登城摸钉求子，并且直到夜半才能回家。这是一种美好的祈福活动。

山东龙口市的妇女在“走百病”的活动中，必须过西关的月牙桥。山东莒县农村男女老少这两天都要到野外走一走，谓之“走老貌”，意思就是说每年走一走，就会让自己青春永驻。山东鄄城的人们一大早就到村外散步，甚至骑上牛、马、驴、骡在大路上奔跑，谓之“跑百令”，意思等同于“走老貌”。

这些说法，虽然只是人们的美好愿望，但是在开春之季，到户外运动一下，总是有益的。

土家族人是如何招待贵宾的

土家族人热情好客，通常一家人家里来贵客，全寨的人都会前来迎接。昔日，凡有贵客到来，都会放铁炮以迎。铁炮如大鞭炮一般大小，竖立于铁匣上，放起来震天动地。如果一时没有铁炮，则会鸣放猎枪表示欢迎。听见炮声，寨里的人如同听见号令一样，一齐出来，迎接贵宾。而主人则立即煨茶、装烟，做油茶汤。席上，要喝大碗酒，吃大块肉。同时，还要请寨上有威望的老人来陪客。

土家族人的火塘，四季不熄。冬天围塘取暖，平时就火用鼎罐做饭。土家族人耿直豪爽，守信如一，有良好的道德风尚。亲朋邻里之间，遇到婚丧嫁娶，或是建房之类的事情，以及天灾人祸，都会互相关照。遇上结婚，全寨人甚至可以三天不开伙，一齐去贺喜，帮着迎亲、过礼、布置新房、做饭安席以及照料客人。从这些风俗习惯中，大家可以看到土家族人基本保留了古代氏族部落的遗风。

在云南，鸡蛋的特殊卖法你知道吗

在云南时元阳、绿春、金平等山区，“鸡蛋用草拴着卖”的现象随处可见。

“鸡蛋用草拴着卖”与当地的地理环境有关，云南多山，坡陡谷深，山路崎岖，外出行路不是爬高下低，就是跨沟过坎。因此，山区的运输主要是靠背箩、背筐、背架、背袋及背绳等背具。走在崎岖不平的山路上，就像踩梅花桩一样，一不小心，脚就会卡在石缝里，甚至扭了脚。这个时候，别说新鲜鸡蛋，就是煮熟的鸡蛋也会被折腾碎。然而，用草拴的鸡蛋则无一破损，完好如初。

“鸡蛋用草拴着卖”这种买卖方式，计算容易，不以个算，也不计斤两，而是以串论价，十分简便。

“打牙祭”是什么意思

“打牙祭”用现在的话来说就是吃好吃的，而古时候则专指吃肉，并且还是四川人的一种祭祀习俗。此词在四川等地区使用十分广泛，究其来源，主要有三种说法。

一说，旧时厨师供的祖师爷是易牙，每逢初一、十五，要用肉向易牙祈祷，称为“祷牙祭”，后来慢慢就误传为了“打牙祭”。

二说，旧时祭神、祭祖的第二天，衙门供职人员可以分吃祭肉，故称祭肉为“牙(衙)祭肉”。

三说，“牙祭”本是古代军营中的一种制度。古时主将、主帅所居住的营帐前进，往往竖有以象牙作为装饰的大旗，称为“牙旗”。每逢农历的初二、十六，便要杀牲畜来祭牙旗，称为“牙祭”。而这些牲畜的肉(又称为“牙祭肉”)，则是被将士们拿来吃掉了，称为“吃牙祭肉”。

第7章　古代哲学

中国文化博大精深，源远流长，在这样一个文明古国，中国有着其独特的哲学文化。通过本章的介绍，您将进入一个神秘而又深奥的哲学世界，古代的中国，不管是经济、文化、军事等一直都处于世界前列，而哲学更是自成一派，在整个文化领域中独树一帜，熠熠生辉。

中国哲学先锋——老子

老子是世界上有完整论著传世的第一位哲学家。老子的生卒年月已不可考，一般认为是春秋末期的哲学家，略早于孔子。老子生卒年月难明，一是因为大家共知的老子西出函谷关，隐入山林，不知所终；二是因为老子其实并不是一个人，而有四代：李耳、老儋、老聃、老莱子。末代老子才是孔子的老师。

《老子》以“道”解释宇宙万物的演变，以为“道生一，一生二，二生三，三生万物”，“道”乃“夫莫之命（命令）而常自然”，因而“人法地，地法天，天法道，道法自然”。“道”为客观自然规律，同时又具有“独立不改，周行而不殆”的永恒意义。

《老子》书中包括大量朴素辩证法观点，如认为一切事物均具有正反两面，“反者道之动”，并能由对立而转化，“正复为奇，善复为妖”“祸兮福之所倚，福兮祸之所伏”。又以为世间事物均为“有”与“无”之统一，“有、无相生”，而“无”为基础，“天下万物生于有，有生于无”。“天之道，损有余而补不足，人之道则不然，损不足以奉有馀”“民之饥，以其上食税之多”“民之轻死，以其上求生之厚”“民不畏死，奈何以死惧之？”其学说对中国哲学发展具有深刻影响，其内容主要见《老子》一书。

“合二为一”这一朴素的辩证观点是怎样的

方以智的哲学思想具有唯物主义和朴素的辩证法观点。他在《东西均》中提出“一而二，二而一”的命题，概括事物的矛盾和矛盾运动，认为事物都是“相捄相胜而相成”。他又在《物理小识》中提出“天恒动，人生恒互动，皆火之为也”，表明其宇宙观的基本观点是火的一元论。但他的思想中也隐藏有循环论，还难于跳出形而上学的“时中论”的束缚。方以智在他的学术论文中以大量的事实证明宇宙是物质的。后期又进而提出了“合二而一”的合理命题。这种朴素的辩证观点对当时的思想界影响很大。

“小国寡民”是怎样的社会图像

《老子》第八十章：“使有什佰之器而不用；使民重死而不远徙。……邻国相望，鸡犬之声相闻，民至老死，不相往来。”描述了老子理想中的“小国寡民”的社会图像。

如冯振甫所云：“老氏称上古之治，莫非要求‘见素抱朴，少私寡欲’，莫动干戈而已。这样，才能遂其所求，至于‘大顺’。若谓在求返于‘小国寡民’之世，又岂其然？”老子所追求的小国寡民之世，是风淳太平之世，生活安定，不动干戈。人类社会发展进入文明社会，在社会生产大发展的同时，不断的战争、分配的不均也相伴而生，而人类的贪欲、残忍与欺诈等丑恶面也日益滋长。正如老子自己所说的那样：“大道废，有仁义；智慧出，有大伪。”而这正是他不想看到的。

“无为而治”的思想是怎样的

无为而治是道家的基本思想，也是其修行的基本方法。无为而治的思想首先是由老子提出来的。老子认为天地万物都是由道化生的，而且天地万物的运动变化也遵循道的规律。那么道的规律又是什么呢？老子说：“人法地，地法天，天法道，道法自然。”(《道德经·二十五章》)可见，道的最根本规律就是自然，即自然而然、本然。既然道以自然为本，那么对待事物就应该顺其自然，无为而治，让事物按照自身的必然性自由发展，使其处于符合道的自然状态，不对它横加干涉，不以有为去影响事物的自然进程。

老子主张无为而为，无为即是有为，有为反而不如无为，如面对一片原始森林，如果我们不去理睬，倒是它自己花开花谢，叶茂叶枯，自生自灭。但一经我们插手，往往是兔走鹰飞，草盛木稀，森林便会遭到灭顶之灾。人之有为害了森林。

“道生万物”是怎么实现的

《老子》把“道”作为哲学最高范畴，建立了自己的哲学体系，认为“道”是产生宇宙万物的本原和支配宇宙万物的法则，又是人类社会所必须遵从的准则。

“道”的本来意义是道路的道，故从首、从走，引申而为规律、法则的意思。春秋时期，“天道”是指天象运行规律；“人道”是指人的行为准则。老子总结吸取了“道”的种种含义，把它上升概括为具有事物存在的实体和发展变化的规律两个特性。

老子认为，“道”是产生世界万物的本原，万物都是“道”的派生者。“道”是天地之根，万物之母，万物之宗。他说，“道可道，非常道；名可名，非常名。无名，天地之始，有名，万物之母。”这就是说，万物是可以言说的，而产生万物的道，却是不可言说的。可以言说的道，不是恒常不变的道；万物是可以命名的，给万物命名的道，却是不可以命名的。因此，无名之道，才是产生天地的始基。

“祸兮福之所倚，福兮祸之所伏”

“祸兮福之所倚，福兮祸之所伏”一语出自《老子·五十八章》，意思是说祸与福互相依存，可以互相转化。祸是造成福的前提，而福又含有祸的因素。也就是说，好事和坏事是可以互相转化的，在一定的条件下，福就会变成祸，祸也能变成福。

最能说明祸与福之间可以互相转化的例子莫过于一则“塞翁失马，焉知非福”的寓言故事，它出自于《淮南子·人间训》。

从前，有位老汉住在与胡人相邻的边塞地区，来来往往的过客都尊称他为“塞翁”。塞翁生性达观，为人处世的方法与众不同。有一天，塞翁家的马不知什么原因，在放牧时竟迷了路，回不来了。邻居们得知这一消息以后，纷纷表示惋惜。可是塞翁却不以为然，他反而释怀地劝慰大伙儿：“丢了马，当然是件坏事，但谁知道它会不会带来好的结果呢？”果然，没过几个月，那匹迷途的老马又从塞外跑了回来，并且还带回了一匹胡人骑的骏马。于是，邻居们又一齐来向塞翁贺喜，并夸他在丢马时有远见。然而，这时的塞翁却忧心忡忡地说：“唉，谁知道这件事会不会给我带来灾祸呢？”塞翁家平添了一匹胡人骑的骏马，使他的儿子喜不自禁，于是就天天骑马兜风，乐此不疲。终于有一天，儿子因得意而忘形，竟从飞驰的马背上掉了下来，摔伤了一条腿，造成了终身残疾。善良的邻居们闻讯后，赶紧前来慰问，而塞翁却还是那句老话：“谁知道它会不会带来好的结果呢？”又过了一年，胡人大举入侵中原，边塞形势骤然吃紧，身强力壮的青年都被征去当了兵，结果十有八九都在战场上送了命。而塞翁的儿子因为是个跛腿，免服兵役，父子二人也得以避免了这场生离死别的灾难。

人世间的好事与坏事都不是绝对的，在一定的条件下，坏事可以引出好的结果，好事也可能会引出坏的结果。

柳宗元认为“元气”是物质的客观存在

在哲学上，柳宗元主张“元气自然论”，认为“元气”是物质的客观存在，否认“元气”之上还有更高主宰。提出“天人不相预”的观点，认为社会历史的发展有其客观必然的趋势，这个“势”不以人们的主观意志而转移，否定“圣人决定论”和“天命论”。柳宗元推崇提出儒家六经是“取道之原”，但并不排斥先秦诸子，认为老子、杨朱、墨子等诸家，与孔学并不对立，它们都是“孔氏之异流”“与孔子同道”，所以应该“咸伸其所长，而黜其奇邪”，将它们“通而同之，搜择融液”，使之符合儒家的“圣人之道”。柳宗元认为佛学与儒学有相合之处，因此不应该排佛。

范缜认为形与神不能分离

范缜反对佛教因果报应说，认为人生好比同一棵树上的花朵，有的花瓣被吹到厅堂，也有些花瓣飘落进粪坑中，这完全是自然现象，毫无因果可言。在哲学上，范缜提出了著名的“形神相即”命题，认为形与神不能分离，形神关系就是“形质神用”，他说：“神之于质，犹利之于刃，形之于用，犹刃之于利”；指出：“舍利无刃，舍刃无利，未闻刃没而利存，岂容形亡而神在？”

庄子——逍遥自在的人生观

"逍遥"也写作"消摇"，意思是悠游自得的样子；"逍遥游"就是没有任何束缚地、自由自在地活动。

《逍遥游》是《庄子》的代表篇目之一，充满奇特的想象和浪漫的色彩，寓说理于寓言和生动的比喻中，形成独特的风格。《逍遥游》也是庄子哲学思想的一个重要方面。全篇一再阐述无所依凭的主张，追求精神世界的绝对自由。在庄子的眼里，客观现实中的一事一物，包括人类本身都是对立而又相互依存的，这就没有绝对的自由，要想无所依凭就得无己。因而他希望一切顺乎自然，超脱于现实，否定人在社会生活中的一切作用，把人类的生活与万物的生存混为一体；提倡不滞于物，追求无条件的精神自由。

庄子对于人生的看法

白驹过隙这个成语出自《庄子》，是庄子关于人生短暂的比喻。意思是说，人生就像一匹白马越过地面的一个小缝一样，只是瞬间，极为短暂。

事实上，庄子的这段论说的意思非常深刻。人生非常短暂，只是大道变化的一瞬间。大道轮变如同骏马飞奔，人生在世就像飞马过隙一样；生生死死，是大道流变的自然过程、生物变化的自然程序，人皆如此，没有一个能够避免的；既然如此，人们就应该从对死亡的哀伤和悲痛中解脱出来，顺随生物的自然变化，生而不喜，死而不悲，生死不动于心，永远保持内心的平静。做到了这些，也就达到了人生的至理，回归了大道，人生也达到了完美；达于至理、回归大道的人从来不去区别有生与无生，不去分辨有形与无形，将生死来去视为一体，将有形无形划为同一。正因为如此，所以也就无需言语和论辩了。

庄子哲学思想的又一重要方面——“齐物”与“齐论”

“齐物论”包含齐物与齐论两个意思。庄子认为世界万物包括人的品性和感情，看起来是千差万别，归根结底却又是齐一的，这就是“齐物”。庄子还认为人们的各种看法和观点，看起来也是千差万别的，但世间万物既是齐一的，言论归根结底也应是齐一的，没有所谓是非和不同，这就是“齐论”。

“齐物”与“齐论”是庄子哲学思想的又一重要方面，与“逍遥游”一并构成庄子哲学思想体系的主体。庄子看到了客观事物存在这样那样的区别，看到了事物的对立。但出于万物一体的观点，他又认为这一切又都是统一的，浑然一体的，而且都在向其对立的一面不断转化，因而又都是没有区别的。

庄子还认为各种各样的学派和论争都是没有价值的。是与非、正与误，从事物本于一体的观点看也是不存在的。这既有宇宙观方面的讨论，也涉及认识论方面的许多问题，因而在我国古代哲学研究中具有重要地位。篇文充满辩证的观点，但也经常陷入形而上学的泥潭，须得细加体会和分析。

“君君臣臣” 的思想是怎样的

粗略地说，“君君臣臣”是老夫子根据“礼”的精神制定出来的一套有效的社会运作模式，这套模式规定了每个人处于一定的位置时，宜于干适合于他的事情。夫子认为，只要大家都如此，这个社会就“和”了。“和”，是夫子的目标。但夫子这里的“和”，却和柏拉图理想国里的刻板世界大不相同。因为他的最核心观点是“和而不同”，就是“和”之后还有“不同”，和是目的，不同是手段。而“和”和“不同”的“和”比此一“和”更高一层的“和”，也就是“和谐共存”，才是最后的目标。

有人问了，有一国的国君被百姓驱逐出境了，这样的举动是不是“非礼”了？孔子说不然，因为那是一个无道昏君，也就是不合乎道的非“礼”的混蛋王上，这样的主就叫不当位，所谓“君非君”，君既然“非君”，那么根据“君君臣臣父父子子”的礼的原则，他就应该主动退位给合适的人选。他赖着不走，所以只好人家来赶他走。他赖着不走是“非礼”的，而人家赶他走，反倒是“合乎礼”的了。由此可以看出，儒家的这个社会结构，是“活”的，而不是“死”的。

“井底之蛙”与“东海之鳖”分别是什么意思

《庄子·秋水篇》讲了一个浅井的青蛙和东海之鳖的故事。

一日，一只浅井的青蛙见到一只东海大鳖，便兴致勃勃地对它说：“我可快乐啦！出来就在井栏边跳来跳去，进去就在井壁砖缝中休息；跳入井中，水就泡着我的两腋和腮；游到浅处，泥汤就没了我的脚。我独占一井之水，螃蟹和蝌蚪都没法跟我相比，你何不也下来看看？”

东海之鳖来到井边，左脚还没进去，石膝已经被卡住了。东海之鳖慢慢退了出去，然后对这只浅井青蛙讲述了大海的样子：“用千里之遥这样的字眼儿，不足以说明大海的广阔；用千仞之高这样的词，不足以量尽它的深度。大禹时十年九涝，海水没显出增加了多少；商汤时八年七旱，海水也并不见减少多少……”浅井的青蛙听得目瞪口呆，惊恐万分，茫茫然若有所失，它何尝想到还有比它的一方水井更大的世界呢！

“坎井之蛙”指废井里的青蛙，比喻见识不多，且沾沾自喜的人。“东海之鳖”指喜欢炫耀，夸夸其谈的人。东海之鳖何必要告诉井底之蛙那么多呢？它给蛙带来的不是快乐，反是痛苦；东海之鳖啊，见多，未必识广。把自己的价值标准，置于他人的价值之中，是愚蠢的。东海之鳖是残忍和无知的。

“拈花微笑”是什么意思

“拈花微笑”也作“拈花一笑”，佛教语，禅宗以心传心的第一宗公案（典故），包含两层意思：一是对禅理有了透彻的理解，二是彼此默契、心领神会、心意相通、心心相印。

有一次大梵天王在灵鹫山上请佛祖释迦牟尼说法。大梵天王率众人把一朵金婆罗花献给佛祖，隆重行礼之后大家退坐一旁。佛祖拈起一朵金婆罗花，意态安详，却一句话也不说。大家都不明白他的意思，面面相觑，唯有摩诃迦叶破颜轻轻一笑。佛祖当即宣布：“我有普照宇宙、包含万有的精深佛法，熄灭生死、超脱轮回的奥妙心法，能够摆脱一切虚假表相修成正果，其中妙处难以言说。我不立文字，以心传心，于教外别传一宗，现在传给摩诃迦叶。”然后把平素所用的金缕袈裟和钵盂授予迦叶。这就是禅宗“拈花一笑”和“衣钵真传”的典故。中国禅宗把摩诃迦叶列为“西天第一代祖师”。

佛祖所传的其实是一种至为祥和、宁静、安闲、美妙的心境，这种心境纯净无染、淡然豁达、无欲无贪、无拘无束、坦然自得、不着形迹、超脱一切、不可动摇、与世长存，是一种“无相”“涅槃”的最高境界，只能感悟和领会，不能用言语表达。而迦叶的微微一笑，正是因为他领悟到了这种境界，所以佛祖把衣钵传给了他。

庖丁解牛的故事

“吾生也有涯，而智也无涯，以有涯随无涯，殆矣；而已为知者，殆而已矣。”

庄子透过“庖丁解牛”的故事说明了养生之道。

庖丁开始学习宰牛时，未能了解牛的结构，看不出关节间有可以下刀的空隙，看到的只是一个个完整的牛。三年后，他不曾看过完整的牛了。再过了一段时间，庖丁不再用眼睛观察牛，而是用神去体会它。宰牛时按牛的自然结构，在筋骨的间隙处下刀，刀刃没有碰到经络和软骨，更不会碰到骨头。因此，他的刀用了十九年，刀锋仍像新磨的一样。

人的精神好比刀刃。刀刃要保持锋利，就不要让它碰到经络和软骨，更不要用刀去劈骨头。同样的，人要养生，就不要触及伤害身体的“经络、软骨和骨头”。这些东西是指“名”和“刑”。做坏事的人，当然会受到惩罚，除肉体上受罚外，犯罪的人也会受良心责备，精神受困扰而不能养生。有些人做好事，是为了“扬名声”，抱着这种心态行善的人，经常要戴着假面具做人，掩饰自己的诡计，精神不自觉地操劳，可是阴谋到最后往往败露于世，身败名裂。

总结一句，庄子认为人做好事，不要以沽名钓誉为目的，要自然而然去做，至于坏事，当然不能做，这就是养生的道理。

庄子的生死观——天地间最快乐之事莫过于死

《庄子・至乐》中记载了一段庄子和骷髅的对话，反映了庄子的生死观。

有一天庄子去楚国时，看到一个死头骨（骷髅），他边敲打着这个头骨边发其感慨说：“你是贪欲过多、伤天害理导致了这个结果呢？还是遇亡国之乱被刀兵所杀呢？或者行为不善，愧对父母妻子，活不下去而自尽呢？还是受冻挨饿而亡，或者因年寿已尽而死呢？”庄子尽管属于崇尚自然无为的道家，主张出世，但是，这一连串的对死者死因的追问，似乎表露出庄子评价人生的标准也有世俗的道义成分。也就是说，他的观点与儒家的入世态度和价值标准有相似的一面。但事实上，庄子在这里只是自我设问，目的是突出他对骷髅的询问，并表露出对骷髅的谴责，都是从“生人之累”出发的；

所以，骷髅要给这位知生不知死的“辩士”补上“死之说”这一课。庄子是倡导自然无为的，也正因为如此，他时不时地也表现出某种常人的情感和是非判断。

骷髅认为，天地间最快乐之事莫过于死，因为只有死者才不再承担上忠君、下恤臣的义务，也不再有穷于应付各种社会事务和礼节仪式的烦恼，无忧无虑，安危顺从于天地自然的变化，即使是人世间至高无上的君王，他的快乐也不过如此啊！庄子以为这不过是空谈，以言激之说：“假使我能让主管生命之神重新给你一次生命，重生形质肌肤，并一同回赠给你父母、妻子、邻居和熟悉之人，那你愿意还阳吗？”谁知骷髅却深深地皱着眉头说：“我怎么能放弃这君王一般的快乐而重新去承受人世间的劳苦呢？”

庄子对“生死”是如何理解的

庄周有一次做梦，梦见自己变成了一只蝴蝶，悠闲自在地飞来飞去，很是得意。突然醒来，发现自己原来是庄周。不过，人生本来就是梦，梦与梦之间流变无终，所以弄不清楚到底是庄周梦见自己变成了蝴蝶，还是蝴蝶梦见自己变成了庄周。庄子由此认为不管是庄周梦见自己变成了蝴蝶，还是蝴蝶梦见自己变成了庄周，蝴蝶与庄周毕竟是不一样的，它们之间的转化也就是物与物之间的转化，是一种“物化”。

庄子把这个故事进一步上升到对生死的理解上。他认为生死只是一种物的转化。宇宙是一个循环不已的大混沌。就宇宙整体而言，从一无所有的朦胧状态变为有形有象的明晰世界，又由有形有象的明晰世界回归到无形无象的朦胧状态；在有形有象的明晰世界中，由一种东西变成另一种东西，又由另一种东西变成了第三种东西。如此而已，永无止境，而生死不过是这一大流变中的一个瞬间。

另外，从这个故事出发，庄子还试图告诉人们，究竟是梦还是醒，是庄周还是蝴蝶，人们根本没有必要去追究。因为人们的认识标准是相对的，根本无法正确认识事物。

墨子——“兼爱”与“非攻”

墨子是我国先秦时期的一位大思想家，墨派学说也是先秦百家的重要学说之一。当时的显派之一墨家最早灭亡，究其原因，主要是其思想过于理想化，即乌托邦主义，为统治阶级所不容。

兼爱，即平等无差别地爱任何人，墨家的兼爱显得境界很高。无差别的爱人如爱己是不太可能的，从人性的角度来讲，也很难说兼爱符不符合人性本真。因此兼爱到目前为止也只能被视为一种精神和境界，而难以成为规范人们行为的准则。因而大力提倡“爱人犹己”，但这只能是一种幻想。

非攻，便是主张和平，不要战争，在这个立场上儒墨也是趋于一致。墨子反对那种为了争城夺地而使百姓遭到灾难的混战。墨子亲眼目睹自己的主张遭到时代的践踏。而即便是在今天，非攻——放弃战争，也还只能称之为一种愿望。

墨家反对剥削，崇尚劳动。提出“赖其力者生，不赖其力者不生”，“不与劳动”的，就不能“获其实”。要求统治阶级放弃他们的既得利益，参与劳动，自力更生，甚至有“天下选贤任天子”的想法，这还不是直接挑战天授的皇权吗?

再加上，墨家尚武任侠，无政府主义气息浓厚，基本上是一个准军事组织，封建统治阶级为了维护巩固其统治，是不能容忍非政府军事组织存在的。

孔子是如何谈论忠诚与孝道的问题的

汉朝初年，朝廷上曾经讨论过这样的问题，即商汤和周武王推翻他们君主的军事行动是否是正确的。有人认为：帽子即使破了，也应该戴在头上；鞋子即使新的，也只能穿在脚下。也就是说，君主是帽子，臣子是鞋子，再坏的君主也不能被推翻。这个争论就是对君主的忠诚问题，孔子把忠诚和孝道联系在一起，表明了自己鲜明的观点。孔子曾经说过，臣子侍奉君主要忠诚，君主要按照礼制对待臣子，不可对臣子随意侮辱和杀戮。

依照孔子的主张，孝道不是说要好好照顾自己父母的生活。孔子说，养只狗，喂匹马，也都要好好照顾它们的生活，所以只是好好照顾父母的生活不能算是孝顺。孔子认为，孝顺最难得的是和颜悦色，让父母愉快。父母在世时，要按照礼制的规定侍奉父母；父母去世时，要按照礼制埋葬父母；父母去世以后，要按照礼制祭祀父母。但是，父母在世时，一家一户过日子，如何按照礼制侍奉父母，别人也不知道。死后祭祀，也难以充分表现出孝的程度。只有在父母去世时，才是充分表达孝心的机会。孝心的表达，又主要借助于哭泣的程度，用为父母守丧期限的长短表现出来。

荀子的性恶论具体是怎样的

《荀子·性恶》中，荀子认为人性有两部分：性和伪。性是人先天的动物本能，是恶；伪是人后天的礼乐教化，是善。性（动物本能）的实质是各种欲望，如果顺从性，人就会为满足欲望不择手段，导致道德沦丧、天下大乱。圣人知道性是恶的，所以创制礼义道德，“化性起伪”，用伪取代性，使人变善。

达尔文进化论也能佐证“性恶”这一点，因为生物在进化历程中，只有进化出生存欲、占有欲才能存活。为了自己的生存牺牲他人，占有尽可能多的生存资源，消灭竞争者。这是性，是恶。

那么为什么要伪？善有什么用？《荀子·王制》中又说：论力气，人不如牛；论速度，人不如马，然而人却驯化了牛马为己所用，这是为什么？因为人能组成社会，团结一致，而牛马等兽类不能。人为什么能组成社会？因为人有道德（义），有了道德，就能组成牢固的社会，使人的力量大增，人类繁荣发展，幸福生活。道德的作用就是维持社会内部秩序，构建“和谐社会”。这就是伪的作用。伪（礼义道德）能维持社会的正常秩序，保证人类的生存。

“朴素辩证法”是谁提出的

《韩非子》中的寓言故事还体现出朴素辩证法思想。尽管《韩非子》中有过分强调对立、斗争绝对化的倾向，但对矛盾的转化条件，也作了辩证的解释。他用耳熟能详的“守株待兔”这个寓言故事，猛烈抨击顽固守旧的陈腐思想，为推行他的革新变法主张寻找理论根据。韩非的历史观还有不少缺陷，本质上还是唯心主义的。“守株待兔”这个寓言故事就阐述了必然与偶然的辩证关系。

宋国有个农夫种着几亩地，他的地头上有一棵大树。一天，他在地里干活，忽然看见一只兔子箭一般地飞奔过来，猛地撞在那棵大树上，一下子把脖子折断了，蹬蹬腿就死了。这个农夫飞快地跑过去，把兔子捡起来，高兴地说：“这真是一点劲没费，白捡了个大便宜，回去可以美美地吃上一顿了。”他拎着兔子一边往家走，一边得意地想：“我的运气真好，没准明天还会有兔子跑来，我可不能放过这样的便宜。”第二天，他到地里也不干活，只守着那棵大树，等着兔子撞过来。结果，等了一天什么也没等到。他却不甘心，从此，天天坐在那棵大树下等着兔子来撞死。他等呀等呀，直等到地里的野草长得比庄稼都高了，连个兔子影儿也没有再见到。

公孙龙的“白马非马”

白马非马，这是中国古代伟大的逻辑学家公孙龙(约公元前320~前250年)提出的一个著名的逻辑问题，出自《公孙龙子·白马论》。

据说：公孙龙过关，关吏说：“按照惯例，过关人可以，但是马不行。”公孙龙便说白马不是马，一番论证，关吏听了后连连点头，说：“你说得很有道理，请你为马匹付钱吧。”

公孙龙的“白马非马”这个命题，以及他的关于这个命题的辩论，也反映辩证法中的一个重要问题——同一性与差别性的关系的问题。他从另一个出发点讨论了上面说的“同一性在自身中包含着差别性”这个问题，公孙龙是从命题出发，他认为在每个命题中，如“莲花是一种植物，玫瑰是红的”等，其主语和述语的内涵和外延都不完全相同。但一般人都认为：“白马是马。”

公孙龙对于这个命题作了相当详细的分析，明确地指出主语和谓语之间的不同。但是他不知道这样的不同是必需的，是客观规律的反映，反而把二者割裂开来，加以抽象化、绝对化，由此达到客观唯心主义的结论，得出“白马非马”的结论。这就是把范畴固定化，其思想方法是形而上学的。

王安石的哲学思想是什么

王安石在《原性》中说：“夫太极生五行，然后利害生焉，而太极不可以利害言也。”王安石认为世界的本原是“太极”，五行是从太极来的。对太极，他未做更多的论述，五行指构成万物的五种元素——水、火、土、木、金。在《洪范传》中他又说五行由天地之间的阴阳二气所生。天地就是阴阳之气的代表。王安石认为五行由阴阳二气（太极）而生的思想，抛弃了古代唯心主义的说教，对五行的起源作了明确的唯物主义解释。

康有为的“公羊三世说”

为了给维新变法制造理论依据，康有为提出了他的“公羊三世说”。他认为，《春秋公羊传》中包含有“三世”的思想，即所谓“所见世”(指孔子亲眼见到的)、“所闻世”(指孔子所亲自见过的人说的)、“所传世”（指孔子听说的传闻)。他又把这种所谓“三世”同《礼记》所讲的“大同”“小康”联系起来，说：“所传世托据乱，所闻世托升平，所见世托太平。”还说“公羊三世”，就是由“据乱世”进化到“升平世”(“小康”)，再由“升平世”进化到“太平世”(“大同”世界)，并认为这是人类社会进化的普遍规律。戊戌变法前，康有为宣称“据乱世”是政治混乱的时代，“升平世”是君主统治时代，“太平世”是民主时代。现在君主统治时代的局面再也不能继续下去了，应向民主时代前进。这样，他用“公羊三世说”为他的改良主义的政治主张提供了理论依据。

王守仁的“知行合一”思想

知行合一是王守仁提出来的。他首先强调人的活动是有目的、有意识的，即他说的“致良知”，但如何使人的主体与客体联系起来呢？王守仁主张“求理于吾心”，即“知行合一”。他用主体包容了客体，将客体的独立性、自然性和物质性否定了。对于“行”他解释道：“凡谓之行者，只是着实去做这件事。”

王守仁的“行”范围包括了学、问、思、辨，这在《中庸》里是“知”的四个侧面，在王守仁这里合一了，因为他模糊了两者的界限。王守仁进一步提出，人的“一念发动处即是行”，实际上是取消了真正的“行”。所以，明末清初的思想家王夫之批评他“销行以归知”。

王守仁这样用意念代替“行”也有合理的方面，他要人们树立一种信念，在刚开始意念活动时俱依照“善”的原则去做，将不善和恶消灭在刚刚萌发的时候，这也叫“知行合一”。

“天神体系”是怎样的体系

在古代，由于人们对大自然的依赖感和神秘感，认为自然现象和自然力存在一种神秘力量的支配，就把它们奉为神灵，并且加以崇拜和祈祷。中国古代自然崇拜的对象极为广泛，包括日月星辰、风雨雷电、河海山川、水火以及动植物类、男女生殖器等，主要都是与人类生产和生活直接相关的自然物和自然力。不久，出现了将自然人格化和社会化的复杂现象，人们由自然崇拜的人格化发展到相信天帝和天命，初步建立了以天帝为中心的天神体系。

对鬼神崇拜首先来自对祖先的崇拜，古时的人死后，他的子孙非常想念他，夜里做梦就会梦见他，因而认为人在死后还有灵魂存在，并且认为祖先的灵魂能够行使神的职能和后代交流，所以子孙便以陪葬、祭祀等方式安慰先灵，祈求祖先保护自己。

第8章　节日文化

节日文化是一种历史文化，是一个国家或一个民族在漫长的历史过程中形成和发展的民族文化，也是一种民族风俗和民族习惯。节日有着深刻的寓意，有的是为了纪念某一位重要历史人物，或纪念某一重要历史事件，或是庆祝某一时节的到来等。

中国人为什么把春节叫过年

农历正月初一是春节，又叫阴历(农历)年，俗称“过年”。这是中国民间历史最悠久、隆重、热闹的一个古老传统节日。但是，为什么要把春节叫过年?

春节大约有三四千年的历史，原为农历的元旦，即人们通常说的过年。它起源于殷商时期年头岁尾的祭神、祭祖活动。古代的春节又叫做“元日”“新年”“正旦”“岁首”“三元”等。

据考证，将农历大年初一定为“春节”是在辛亥革命以后。1911年10月武昌起义，12月31日革命党人的湖北军政府在发布的《内务部关于“中华民国”改用阳历的通谕》中，明确将（农历的）年节称为“春节”。1949年10月1日，新中国正式成立，中国人民政治协商会议第一届全体会议上，通过了使用世界上通用的公历纪元，把公历的元月一日定为元旦，俗称“阳历年”；农历正月初一通常都在立春前后，因而把农历正月初一定为“春节”，俗称“阴历年”。

古时人们是怎样过春节的

春节是我国一个古老的节日，也是全年最重要的一个节日，如何庆贺这个节日，在千百年的历史发展中，形成了一些较为固定的风俗习惯，很多都流传至今。但现在，随着人们生活条件的改善，物质水平的提高，很多古老的春节习俗便慢慢消失了。

（1）祭灶：糖封灶君嘴。腊月二十三，“小年”这天，传说灶君要上天向玉皇大帝汇报所在的这一家一年来的所作所为，民间都要举行祭灶和送灶的仪式，祈求灶君在玉帝面前多多美言。

（2）扫尘：除旧迎新年。送走灶君后，人们就要开始为春节到来做最后的准备，其中一项就是对家里做彻底的大扫除。按民间的说法，因“尘”与“陈”谐音，新春扫尘有“除陈布新”的涵义，其用意是要把一切疫病、晦运统统扫出门。

（3）聚财：初一不动扫帚。民间传说正月初一为扫帚生日，这一天不能动用扫帚，否则会扫走运气、破财，还会把“扫帚星”引来，招致霉运。如果非要扫地不可，则必须从外内里扫。并且，在这一天，也不能往外泼水或倒垃圾，怕因此而破财。

（4）婚嫁：百无禁忌赶乱婚。过了腊月二十三，民间认为诸神上了天，百无禁忌。娶媳妇、嫁女儿也就不用选择日子，称为“赶乱婚”。因此，每逢快到年底那几天，举行结婚的人特别多。

古代人什么时候开始放爆竹

现在，一般人都认为放爆竹可以制造一种喜庆气氛，并可以给人们带来欢愉和吉利。那么，中国人是从什么时候开始放爆竹的呢？据一些资料显示，古人燃放爆竹是为了驱赶年兽。

据《荆楚岁时记》记载，爆竹在古代是一种驱瘟逐邪的工具，这使得爆竹从产生以来就被披上了迷信的外衣。其实，这完全是由古人的误解所致。据《神异经》说，古时候，人们途经深山露宿，晚上要点篝火，为了煮食取暖，以及防止野兽侵袭。但是，山中却有一种既不怕人也不怕火的动物。人们为了对付这种动物，就想起在火中烧竹子，用竹子的爆裂声来驱赶这种动物的方法。

到了唐初，瘟疫四起，有个叫李田的人，把硝石装在竹筒里，点燃后产生的浓烈的烟雾驱散了山间的瘴气，制止了疫病流行，这恐怕是爆竹最早的雏形了吧。到了宋代，民间开始普遍用纸筒和麻茎裹火药编成串做成“编炮”（即鞭炮）。到了明清，鞭炮才真正被运用在了喜庆的场合。

古人拜年习俗

拜年是中国民间的传统习俗，直至今日仍然是人们辞旧迎新、相互表达美好祝愿的一种方式。那么，你知道古人是怎样拜年的吗？

古时，“拜年”一词的含义是为长者拜贺新年，包括向长者叩头施礼、祝贺新年如意、问候生活安好等内容。遇有同辈亲友，也要施礼道贺。拜年一般从家里开始。初一早晨，晚辈起床后，要先向长辈拜年，祝福长辈健康长寿、万事如意。

长辈受拜以后，要将事先准备好的“压岁钱”分给晚辈。给家中长辈拜完年以后，人们外出相遇时也要笑容满面地恭贺新年，互道“恭喜发财”“四季如意”“新年快乐”等吉祥的话语，左右邻居或亲朋好友亦相互登门拜年或相邀饮酒娱乐。

春节贴门神的作用是什么

一到春节，家家户户都要贴门神，以保平安。但是，对于门神的来历却不是每一个人都知道的。

传说泾河老龙王化作人的模样与一个算卦先生打赌，犯下天条。玉皇大帝派魏征在正午三刻监斩老龙。老龙于前一天托梦唐太宗李世民，恳求唐太宗为他说情。唐太宗应允。第二天，唐太宗宣魏征入朝，并把魏征留下来，同自己下棋。但是，在午时三刻，魏征打起瞌睡，在梦中斩了老龙。泾河老龙王的冤魂责怪唐太宗不讲信用，常来索命。为此，唐太宗一病不起，游到阴间，被十阎王谅解，重返阳间。

死里逃生的唐太宗怕泾河老龙王再来索魂，就让秦琼和尉迟恭守门。果然，老龙不敢来闹，平安无事。唐太宗又觉得过意不去，就把二位将军的画像贴在门上，结果照样平安无事。于是，此举亦在民间流传，而秦琼与尉迟恭便成了门神。

“社火”是什么

“社火”通常是春节期间各地民间的一种自演自娱活动。它来源于古人对于土地与火的崇拜。

古人认为“社”，就是土地神；“火”，即火祖，是传说中的火神。在以农业文化著称的中国，土地是人们赖以生存的根本，它是人类生存和繁衍生息的基础；火是人们熟食和取暖之源，是人类生存和发展必不可少的条件。

远古时代的人们认为，火是人世间的一种神物，也是具有灵性的东西，所以产生了对火的崇拜，形成了尚火观念。古老的土地与火的崇拜，产生了祭祀社火的风俗。随着社会的发展，人们认识能力的提高，使祭祀社火的仪式逐渐增加了娱乐的成分，成为规模盛大、内容丰富的民间娱乐活动。

年糕的习俗你知道吗

年糕又称“年年糕”，与“年年高”谐音，意寓人们的工作和生活一年比一年提高。每逢春节，我国很多地区都有春节吃年糕的习俗。但是，这种习俗是因何而来的呢？

年糕作为一种食品，在我国具有悠久的历史。古人对年糕的制作也有一个从米粒糕到粉糕的发展过程。公元六世纪的食谱《食次》就载有年糕“白茧糖”的制作方法，“熟炊秫稻米饭，及热于杵臼净者，舂之为米咨糍，须令极熟，勿令有米粒……”即将糯米蒸熟以后，趁热舂成米糍，然后切成桃核大小，晾干油炸，滚上糖即可食用。

明崇祯年间刊刻的《帝京景物略》一文中记载，当时的北京人每于“正月元旦，啖黍糕，曰年年糕”。由此，不难看出，“年年糕”是北方的“黏黏糕”谐音而来。正是因为人们把对美好生活向往的心态寄托在了食物上，才有了过年吃年糕的习俗。正如清末的一首诗中所云，“人心多好高，谐声制食品；义取年胜年，借以祈岁诠。”

什么时候开始有彩灯

时至今日，每逢元宵节，人们都要张灯结彩、燃放烟花爆竹。由于科技的进步，元宵节的彩灯也变得更加绚丽多姿，并处处体现出高科技的魅力。然而，为什么要在元宵节张灯结彩？此习俗是怎么来的呢？对此，也有一个美丽的传说。

在很久以前的大地上，有很多四处伤人的凶禽猛兽。人们为了生存就团结在一起去打它们。然而，人们在驱打猛兽时不小心误杀了一只因为迷路而降落人间的神鸟。玉帝知道后十分震怒，立即下令让天兵于正月十五日到人间放火，要让人间的生灵一个不留地通通被烧死。

玉帝有个心地善良的女儿，不忍心看百姓无辜受难，就偷偷下凡把这个消息告诉了人们。众人一听，吓得不知如何是好。就在这时，有一位老人想出了一个办法，他说："我们可以在正月十四、十五、十六日这三天，家家户户都张灯结彩、燃放烟火爆竹。这样一来，玉帝就会以为人们都被烧死了。"

大家听了都点头称是，便分头准备去了。到了正月十四这天晚上，玉帝往下一看，看到人间一片红光，响声震天，连续三个夜晚都是如此，以为是大火燃烧的火焰，心中大悦。人们就这样保住了自己的生命及财产。后来，每到正月十五，家家户户都悬挂灯笼，放烟火。久而久之，张灯结彩就成了元宵节必不可少的习俗。

"寒食节"的由来你知道吗

"寒食节"又被称为"禁烟节""冷节""百五节"，在夏历冬至后一百零五日、清明节前一二日。这一天人们要禁烟火，不许生火做饭，只能吃冷食。为什么要这样做呢？这种习俗源自何时何地？

"寒食节"的由来据说是为纪念春秋时晋国的介子推。介子推当年不畏艰险地跟随侍奉公子重耳。在公子重耳被迫逃亡之时，介子推还把自己的大腿肉割下来熬汤给重耳充饥。

后来，重耳回到晋国做了国君，即后来的晋文公，却没有给介子推任何的赏赐。然而，介子推却毫无怨言，并且带着自己的母亲隐居于深山之中。等到重耳后来想起这个"割股奉君"的贤臣时，感到心中很是有愧，便亲自来到深山中去寻找介子推。无奈，山中树木茂密，根本就找不到介子推。这时，有人给他出主意说："介之推是个孝子，如果放火烧山，他一定会背着母亲出来。"

结果大火连续烧了三天三夜也没见介子推出来。火熄之后，大家进山察看，发现介子推和他的老母相抱在一起，被烧死在一棵大树下。

后来，晋文公重耳为了尊敬和怀念介子推，命令在介子推被烧死的这天全国禁火，吃冷食。这个习俗逐渐流传开来，人们把这天定为“寒食节”，不生火做饭，只吃冷食，以表示对介子推的怀念。

清明节插柳枝真的能辟邪吗

每逢清明，我国民间有插柳习俗。那么，这种习俗从何而来呢?

中国人以清明、七月半及十月朔为三大鬼节，是百鬼出没讨索之时。人们为防止鬼的侵扰迫害，而插戴柳枝。受佛教的影响，人们认为柳可以驱鬼，而称之为“鬼怖木”，如观世音就以柳枝沾水济度众生。北魏贾思勰《齐民要术》中记载，“取杨柳枝著户上，百鬼不入家。”清明既然是鬼节，因此人们纷纷插柳戴柳以辟邪了。

祭奠祖先为何选在清明节

现在，清明节成了人们祭扫墓地、祭奠死去的先人的重要节日。那么，你知道清明节扫墓的习俗始于何时吗?

民俗学家们对此作了解释，清明节作为二十四节气之一，最早与墓祭无关。因为在我国古代，只有贵族才有墓，老百姓并没有墓，所以说最初的清明节并不是扫墓的日子。

后来，封建等级不再那么严密，老百姓葬后开始有墓地，但不能称作是“墓”，因为只有贵族才可以称“墓”。老百姓的墓地只能叫“坟”。清明墓祭是贵族活动，百姓不能举行墓祭，只能举行家祭。墓祭分春、秋两祭，有春祈秋报之义。到汉代以后，墓祭在民间逐渐形成风俗，并且流传至今。

端午节又被称为什么

端午节是中国传统节日之一，可你知道端午节自古有多少种叫法呢？据统计，端午节的名称在我国所有传统节日中最多，达二十多个。

（1）端阳节。据《荆楚岁时记》载，因仲夏登高，顺阳在上，五月正是仲夏，它的第一个午日正是登高顺阳天气好的日子。所以，人们将五月初五定为“端阳节”。

（2）重午节。午，属十二支，农历五月为午月，五、午同音，五、五相重，故端午节又名“重午节”或“重五节”，也有些地方叫“五月节”。

（3）天中节。古人认为，五月五日时，太阳重人中天，故称这一天为“天中节”。

（4）浴兰节。端午时值仲夏，是皮肤病多发季节，古人以兰草汤沐浴去污为俗。汉代《大戴礼》记载，“午日以兰汤沐浴。”

（5）解粽节。古人端午吃粽时，有比较各人解下粽叶的长度、长者为胜的游戏，故又有“解粽节”之称。

（6）女儿节。据明沈榜《宛署杂记》记载，五月女儿节，系端午索、戴艾叶的习俗。

（7）菖蒲节。古人认为“重午”是犯禁忌的日子，此时五毒尽出，因此端午风俗多为驱邪避毒，如在门上悬挂菖蒲、艾叶等，故端午节又称“菖蒲节”。

端午节吃粽子是为什么

端午节吃粽子，现在人们都认为这是为了纪念伟大诗人屈原，而且大多数人都认为粽子就是屈原死后才产生的。

然而，据专家考证，最初吃粽子并非是为了纪念屈原，也没有固定在端午节这天。粽子很早就是民间的普通食品，而说端午节吃粽子是祭屈原，是后人附会而形成的，反映的只是民众的心愿而已。

端午节吃粽子，作为全国性风俗最早始见于西晋周处撰的《风土记》，“仲夏端午，烹鹜角黍。”到了唐宋时期，粽子已经成为端午节的必备食品。

直至现在，每年五月初，中国百姓家家都要浸糯米、洗粽叶、包粽子，其花色品种更为繁多。吃粽子的风俗，不但在中国盛行不衰，而且流传到朝鲜、日本及东南亚各国。

同时吃粽子，在不同地方有何不同

中国地大物博，南北方地域的不同形成了不同的风俗，仅古时端午节的过法，南北方、东西部都是不一样的。

浙江桐卢县乡塾的学童，在这一天要给师长行礼，称之“衣丝”。广东从化县端午节正午，人们以烧符水洗手眼后，泼洒于道，称为“送灾难”。南京人过端午节时，各家皆以清水一盒，加入少许雄黄及鹅眼钱两枚，合家大小均用此水洗眼，称为“破火眼”。

在河北地区，端午节这天，人们忌到井里打水，而在端午节之前要打好水，据说是为了避井毒。在山东邹平县，端午节这天，每个人早起都要喝一杯酒，据说可以避邪。山西解州地区，端午节这天，男女戴艾叶，称为“去疾”，幼童则系百索于脖子上。

在西部地区的陕西兴安州，端午节这天，地方官常常会亲自率领僚属参加竞渡，称为“踏石”。甘肃静宁州，端午节这天摘玫瑰以蜜腌渍为饴；镇原县，则赠新婚夫妇香扇、罗绮、巾帕、艾虎等。

四川有石柱“出端午佬”的习俗。由四人以两根竹竿抬起一张铺有红毯的大方桌，然后毯上用竹篾编一个骑虎的道士，敲锣打鼓，上街游行。然而，正是这些千奇百怪的端午风俗共同构成了中华民族所特有的端午文化。

“六月六”为什么都要晒东西

传说，当年唐僧历经千难万险从西天取回的佛经，在回国的途中不幸坠入大海。上苍被他们师徒的诚心所感动，就特意赐给一个大晴天，让他们把经卷晒干，这一天正是农历六月初六。又因为这好天气是上天所赐，所以民间又叫“天贶（kuàng）节”。

后来，人们就围绕着“天晴日朗”这个中心做文章，许多民俗就由此产生了。有晒书晒被的，说是能去除晦气；有晒面做酱的，说是能品高味美；有油刷门窗梁柱的，说是能防水拒蚀等。

这些民俗听起来像是无稽之谈，但细究一下，还是有些科学道理的。因为，农历六月初六正处于小暑过后、立秋之前，此时天气炎热，人们利用阳光中的紫外线集中进行一次灭菌、杀虫的卫生活动，从医学卫生的角度来看是十分合理的。

就晒书、晒衣而论，完全有必要。每年夏季把藏书搬出来晒晒太阳、通通风，散去潮气，杀死蛀虫和细菌，这对书是一种保护。冬季御寒的棉衣、棉被，在夏天晒过之后，除了能消除细菌和潮湿的危害外，还能达到松软棉絮、保温的目的，冬天使用时更暖和。

“七夕”的由来

七夕节是每年农历的七月初七，而七夕坐看牵牛织女星，则是民间的习俗。七夕节的时候，民间的女子来到花前月下，抬头仰望星空，希望能看到牛郎织女一年一度的相会，乞求上天让自己也像织女那样心灵手巧，祈祷自己能有如意称心的美满婚姻。

七夕也被称为乞巧节，即是古代女子乞求自己有一双巧手的意思。这个节日起源于汉代，据东晋葛洪的《西京杂记》记载，“汉彩女常以七月七日穿七孔针于开襟楼，人俱习之。”这也许是大家所能见到的关于乞巧节最早的记载。后来的唐宋诗词中，乞巧节也被屡屡提及，这一习俗在民间也经久不衰，代代延续。现在，各个地区的乞巧方式不尽相同，各有趣味。总的来说，都是为了表达姑娘们的一种美好愿望。

中元节的节日意义是什么

中元节是中国本土文化的产物。在20世纪中期以前，中元节甚至要比“七夕节”“清明节”等节日热闹。中华人民共和国成立以后，由于中元节被认为是宣扬封建迷信的节日，因此被逐渐边缘化。

道家把农历七月十五日称为“中元”，用以赦免亡魂的罪；在这天，民间家家祭祀祖先。同时，还要举行盛大的放河灯活动。河灯，一般是以纸糊成荷花形，并在底座上放灯盏或蜡烛，于中元夜放在江河湖海之中，任其漂泛。除此之外，还有拜忏、放焰口等活动。中元节这天，事先在街口村前搭起法师座和施孤台，仪式在庄严肃穆的庙堂音乐中开始，法师敲响引钟，带领座下众僧诵念各种经文。然后，施食，即将一盘盘面桃子和大米撒向四方，反复三次，这种仪式叫“放焰口”。到了晚上，家家户户还要在自己家门口焚香，把香插在地上，并且越多越好，象征着五谷丰登，这叫做“布田”。

从这些古老的习俗上来看，中元节带有一定的迷信色彩，但是总体上来说，却表达着人们盼望五谷丰登、生活美好的愿望，因此不应将其全盘否定。

中秋与月亮之间的关系

今天，尤其是在农村地区，“中秋祭月”的习俗仍旧被延续着。但是，为什么要在中秋节祭月？这种习俗是怎么来的？估计很少有人能够知晓了。

“祭月”在我国是一种十分古老的习俗。据史书记载，早在周朝，天子就有春分祭日、夏至祭地、秋分祭月、冬至祭天的习俗。其祭祀的场所称为日坛、地坛，月坛、天坛，分设在东南西北四个方向。北京的月坛就是明清皇帝祭月的地方。

据《礼记》记载，“天子春朝日，秋夕月。朝日之朝，夕月之夕。”这里的“夕月之夕”，指的正是夜晚祭祀月亮。这种风俗不仅为宫廷及上层贵族所奉行，随着社会的发展，也逐渐影响到民间。后来，随着朝代的更替，久而久之，祭月被赏月所替代，严肃的祭祀活动就这样变成了轻松的娱乐活动。

中秋节的另外称呼是什么

中秋节是中华民族的传统节日之一。中国历史上的“中秋”一词，最早出现在《周礼》当中。

据史料记载，古代帝王祭月的日子为农历八月十五，这个时节正值秋季过半，因此叫做“中秋节”；由于这个节日在农历八月，故又称为“秋节”“八月节”“八月会”；由于人们通常在这一天要举行一些祈求团圆的活动，故亦称为“团圆节”“女儿节”。由于中秋节的主要活动都是围绕

“月”进行的，因此又俗称为“月节”“月夕”“追月节”“玩月节”“拜月节”；在唐朝，中秋节还被称为“端正月”。

刚开始，中秋节并不被人们所重视。人们真正开始过中秋节，始于宋朝。至明清时，中秋节才成为我国的主要节日之一。

重阳节的由来

重阳节的源头，可追溯到秦汉之前。据《吕氏春秋》记载，战国当时已有在九月，农作物丰收之时，祭飨天帝、祭祖，即用这样的活动来感谢上天、感谢祖宗恩德的活动。又据《西京杂记》中记载，西汉时的宫人贾佩兰称：“九月九日，佩茱萸，食蓬饵，饮菊花酒，云令人长寿。”由此可见，从那时开始人们就有在重阳节求寿之俗。

三国时，魏文帝曹丕在《九日与钟繇书》中说“九”为阳数，可以与日月并齐，便将重阳节定为了一个正式的节日。而重阳节的活动，则主要是求长寿、戴茱萸、酿菊酒、赏菊、酿酒及祭扫酒业神等。后来，又添加了敬老等内涵。再后来，由于登高、野宴等活动的加入，使重阳节的节日活动更加丰富多彩。

重阳节插茱萸的习俗是怎么来的

重阳节插茱萸的习俗起源很早。茱萸，又名越椒、艾子，是一种药用植物，古人认为这种植物有益于内脏，因此特别钟情于这种植物。晋朝的时候，人们开始大量种植茱萸。重阳节时，人们折下茱萸插在头上，据说这样可以抵御寒冷，躲避灾难。宋朝的时候，人们还给茱萸和菊花起了两个雅称，称茱萸为“避邪翁”，而菊花则为“延寿客”。

重阳节的古时地位很重要吗

重阳节之所以有名，是因为这个节日与历史上许多有名的文学家有关。而在这些文学家的故事里，包含着重阳节的各种风俗，如登高、赏菊、饮菊花酒、佩茱萸等。这些故事都成了有名的典故，因此这些风俗也为人们所熟知。至于与重阳节有关的文人故事，恐怕要算“孟嘉落帽”的故事最有名，也最为人津津乐道的了。

孟嘉是东晋时的著名文人，他在当时最有权势的大将军桓温的帐下当参军。农历九月初九，大将军桓温邀集宾客幕僚作登高盛会，在山顶大摆筵席，饮酒赋诗。出席节宴的人都衣冠楚楚，穿戴整齐，杯盏相酬，兴致很高。突然间，一阵风刮过，把孟嘉头上的帽子吹落在地。这时的孟嘉已有几分酒意，竟然没有察觉。但主人桓温已经看见了，便叫在座的孙盛作文章嘲笑他。孙盛在席间写了一篇文章责难孟嘉。没料到孟嘉虽已酒醉，但神志不乱，依然文思敏捷。孙盛的文章刚做好，他草草一看，立刻提起笔来，作了一篇文章酬答。满座的人读了他的文章，都惊叹称好，一时传为美谈。

其后，更有陶渊明重阳赏菊的典故成为美谈。由于这些与重阳节有关的典故的广泛流传，南北朝以后的文人都很重视重阳节，而以重阳节为题材的诗文更是节令诗当中最多的。

我国最早的教师节是什么时候

我国现行的教师节起源于20世纪80年代，其实在我国古代早就有传统意义上的教师节了。我国一向有尊师传统，冬至祭孔和拜师就是一种集中表现。据《新河县志》记载，这一天拜圣寿，外乡塾弟子各拜业师，被称作“拜冬余”“拜圣寿”。其中，“圣”就是指圣人孔子。这是由于“冬至”

曾是“年”，过了冬至日就长一岁，称之为“增寿”，因此需要拜贺，举行祭孔典礼。

据《清河县志》记载，在冬至祭孔时还要“拜烧字纸”，即人们要爱惜字纸，不许乱用有字的纸擦东西，并且要把带字的废纸收集起来，在祭孔时一齐烧掉。而烧字纸时，师生也要一齐跪拜。

在古时冬至的这些风俗，无不体现着我国古代劳动人民尊师重教的思想。

“腊月”这一名称的起源

据《礼记》记载，“蜡者，索也，岁十二月，合聚万物而索飨之也。”“腊”与“蜡”相似，而在古代“腊”和“蜡”都是一种祭祀活动，即祭祀祖先称为“腊”，祭祀百神称为“蜡”。又由于此活动多在农历十二月进行，因此人们便把十二月称为腊月了。

腊月是年岁之终，古代农闲的人们无事可干，便出去打猎。一来，弥补口粮的不足；二来，用打来的野兽祭拜祖先，祈求全家幸福。农历十二月初八，用杂粮做成“腊八粥”，有的地方的人们还要将做好的“腊八粥”洒在门、篱笆、柴垛等上面，用这样的方法来祭奠五谷之神。农历十二月二十三，俗称“小年”，有的地方的人们陈设香腊刀头和糖点果品敬供“灶神”等。其实，这些做法只是在沿袭古代的习俗罢了。

二十四节气中最寒冷的节气是哪一个

二十四节气是古人根据天气的变化来划分的，所以每个节气都代表了不同的天气，“小寒”也不例外。而且，“小寒”一到，就意味着一年中最寒冷的日子就要开始了。那么，对于这样的说法，有什么科学根据吗？

据《月令七十二候集解》记载，“十二月节，月初寒尚小，故云。月半则大矣。”小寒的意思是天气已经很冷，我国大部分地区小寒和大寒期间一般都是最冷的时期，“小寒”一过，就进入“出门冰上走”的三九天了。而且，根据中国的气象资料可知，小寒是一年中气温最低的节气，只有少数年份的大寒气温低于小寒。

什么是过小年

农历腊月二十三日，这一天民间有送灶神的习俗，又称为“过小年”。这天送灶神上天言事，称为送灶、辞灶、醉司命。

祀灶是在二十三日晚间进行的。胶东地区灶神画像贴在正屋东面的锅灶墙上，两旁有一幅“上天言好事，回宫降吉祥”对联，横批是“一家之主”。祭祀时，摆上糖瓜、果品等贡品以及一碗面汤，然后烧香叩头，把旧灶神画像揭下烧掉，这就是所谓的送灶神了。烧时，要加一些谷草和杂粮，意思是要给灶王爷喂饱马。由于过去有“男不拜月，女不祭灶”的说法，因此民间通常都由男人致祭。旧灶神画像烧了以后，有的立即把新灶神画像贴上，而有的则到农历正月初一早上再贴，正所谓“二十三日上天去，正月初一下界来”。

“除夕”的由来

现在，“除夕”是中国人的主要传统节日之一，关于它的来历，有各种各样的说法。

相传在很久以前，有一个妖怪叫“夕”。这家伙专门害人，特别是看见哪家有漂亮的女孩，晚上就要去糟蹋她，尔后还要把女孩吃了才甘心。因此，老百姓对它恨之入骨，却没有办法。后来，出现了一个叫七郎的英雄，力大无穷，箭射得特别好，喂的狗也非常厉害，任何猛兽都敢去斗。七郎见百姓被“夕”害苦了，就想除掉它。历经千辛万苦，七郎终于把“夕”这种怪物除掉了。从那以后，人们就把腊月三十叫做“除夕”。这天晚上，家家户户都要守岁、放火炮，表示驱除晦气、迎接祥瑞。

除夕是我国主要的传统节日之一。“除夕”是农历一年最后一天的晚上，即春节前一天的晚上，所以人们又常常把这一天叫做“年三十”。在除夕之夜，人们往往通宵不睡觉，所以又把这一夜叫“守岁”。苏轼写有《守岁》一诗，“儿童强不睡，相守夜欢哗。”在《梦粱录》卷六中，又把这一夜叫做“除夜”。

此外，除夕在民间还被称为大年夜、大节夜、大尽等。

祭龙节的传说

每年农历二月初三和五月初五，是新平县傣雅人（傣族支系）的祭龙节。祭龙节始于哪个年代，无文字考证。而祭龙节的来历，则是源于一个传说故事。

相传，古时傣雅人居住的地区，森林茂密。每年农历二月间，山林里就窜出很多野兽，不仅咬伤人畜，还把刚刚长出来的稻苗吃尽。有一年，一个聪明勇敢的傣雅族小伙子想出了一个办法。在二月初三这天，他叫大家编了许多竹笼、竹链，染上家禽的血后，拿去挂在田间插在地头、路口。夜间，山林里窜出来的野兽，见到染血的竹笼、竹链就不敢接近庄稼和村寨。但是，过了一段时间，等染血的竹笼破旧的时候，野兽又陆续来危害人畜和庄稼。

于是，在五月初五这天，他又发动大家编竹笼、竹链，染上血放到老地方，并采来许多利箭般的菖蒲叶插在各家各户的门头上，并且连每个人的头上、腰间都插满菖蒲叶。夜晚，人们围坐在寨头的火堆旁喝酒猜拳，对歌起舞。野兽窜到田间、地头的竹笼、竹链旁，嗅到血腥味，远远看见燃烧的火堆，看见全身插满“利箭”的人，就被吓跑了。

后来，傣雅人年年这样做，结果人畜兴旺，五谷丰登，而此习俗则慢慢演变成了现在的祭龙节。

第9章　饮食起居

饮食起居是人们日常生活中最基本的、最起码的物质需求，是最活跃的事象，它与社会物质生产水平、人们的生活方式、文化素养以及所处的自然环境相适应，包含了人类的智慧。“美肉鲜鱼盘中珍”“朝南建起三间屋，世世代代享清福”“吃陈粮，烧陈草”，整个衣、食、住、行，古今上下，无时无处不存在，且处于不断发展变化之中。

火锅的由来

现在全国各地都有经营火锅的餐馆，“四川火锅”“重庆火锅”等随处可见，并且很多人也都非常喜欢吃火锅。那火锅是怎么发展来的呢?

火锅，古称“古董羹”，因食物投入沸水时发出的“咕咚”声而得名。它产生的时间很早，具体是在什么时候不得而知。大约几千年前，人们煮食用陶制的鼎，只要是能吃的食物，统统丢入其中，然后在底部生火，让食物煮熟。而这可能就是最早的火锅了。

西周时，铜与铁的发明使“火锅”有了很大的改观，锅用铜与铁制造，与近代的锅非常相近，其导热性更好，更轻便。铜制的锅与陶制的沙锅，到现在还是最实用、最普遍的火锅器皿。

三国时期，魏文帝所提到的“五熟釜”，是可以分几格的锅，可以同时煮各种不同的食物，和现今的“鸳鸯锅”差不多。到了南北朝，“铜鼎”是最普遍的器皿，也就是现今的火锅。演变至唐朝，火锅又称为“暖锅”。到了宋代，火锅的吃法在民间已十分常见，南宋林洪的《山家清供》食谱中，便有同友人吃火锅的介绍。元代，火锅流传到内蒙古一带，用来煮牛羊肉。清代，火锅不仅在民间盛行，而且成了一道著名的宫廷菜。

看似简单的火锅，经历了数千年的演变，从形式到内容并没有发生太大的改观，是当今老少皆宜的大众饮食。

“涮羊肉”的故事

现在最流行的说法是，“涮羊肉”的起源与元世祖忽必烈有关。据说，当年忽必烈统帅大军南下。一天，忽必烈人困马乏、饥肠辘辘时，他想起了家乡的美食——清炖羊肉，便立即吩咐厨师杀羊烧火。正当伙夫宰好羊的时候，南宋军来袭，厨师急中生智，飞刀切下十多片薄肉，放在沸水里搅拌几下，待肉色一变，以最快的速度捞入碗中，撒上一点细盐，让忽必烈吃。忽必烈吃后觉得非常可口，于是连吃几碗，随后精神大振，翻身上马迎敌，获得胜利。

在庆功酒宴时，忽必烈特别点了那道羊肉片。厨师选了绵羊嫩肉，切成薄片，再配上各种作料，将帅们吃完之后都纷纷称赞。忽必烈问厨师这是一道什么菜，厨师忙迎上前说：“此菜尚无名称，请赐名。”忽必烈笑着说：“我看就叫‘涮羊肉’吧！”于是，“涮羊肉”就这样诞生了。

“花雕酒”这个名字是怎么来的

花雕酒，单单从字面意思来看，很难理解是什么意思。其实，花雕酒是从古时的“女儿酒”演变而来的。

关于花雕酒的来历，清《浪迹续谈》中记述了一个民间传说。从前，绍兴的一个富翁生了一个女儿。在女儿满月的时候，这个富翁便酿了几坛酒放到酒窖里。十八年后，他的女儿要出嫁了，富翁便把当时储藏的酒拿出来，并在酒坛外面绘上“龙凤吉祥”“花好月圆”“送子观音”等喜庆图案，作为女儿的陪嫁礼品。后来，这渐渐成为当地的一种习俗。因为酒坛外面漂亮的彩色图案，人们就把这种酒形象地叫做“花雕”。此后，“花雕”也成为了绍兴人希望家里人丁兴旺的一种祝福。时至今日，若某人家生了女儿，大家就会戏称“恭喜花雕进门”。

驴肉到底有多美味

民间有“天上的龙肉，地下的驴肉”的谚语，以此来形容驴肉之美。为什么要这么说呢？这种说法有什么科学根据吗？

驴肉肉质细嫩，远非牛羊肉可比，有补气、补虚之功，是较为理想的保健食品之一。据《本草纲目》记载，驴肉可以补血、养血，治积年劳损。而研究表明，驴肉含蛋白质25.2%、脂肪4.03%，可见驴肉是高蛋白质、低脂肪食品，而且脂肪中不饱和脂肪酸含量特别高，是真正的健康食品。驴皮含有丰富的胶原蛋白，是世人皆知的补血、补气、养颜、护肤佳品。驴三件（鞭、宝、肾）滋阴壮阳，强肾壮腰，是滋补佳品。

虽然世界上并没有所谓的龙肉，但为了体现驴肉的营养价值之高，人们就想到了用传说中的龙肉来作比较，这也许就是“天上龙肉，地下驴肉”这句话的由来吧。

油条又被称作什么

你知道“油炸桧”是什么东西吗？其实，油炸桧就是大家今天所说的油条。

相传公元1141年春，南宋宰相秦桧，连下十二道金牌将岳飞骗回京城，关进大牢。第二年春，秦桧等人以“莫须有”的罪名，将岳飞杀害于“风波亭”。

消息传出，京城百姓无不悲伤。当时“风波亭”旁的一个小摊上，正在卖烧饼的摊主听说这个消息后，悲愤满腔，不由自主，将面团就捏成了秦桧和他老婆的模样，先刀切秦桧颈，后剖王氏腹，再将他们两个拧在一起，觉得还是不解恨，便又投入油锅中炸，表示油炸秦桧和王氏。围观的群众争相购买食之，以解心中之很。前来购买“油炸桧”的人越来越多，大家纷纷围上前来，一边自己动手做，一边大声吆喝：“都来油炸桧，都来油炸桧！”从此，“油炸桧”就很快传开了，后来人们逐渐减称其为“油条”。小小的面食也承载着普通老百姓惩恶扬善的愿望。

东坡肉的来历

东坡肉是杭州传统风味菜肴中的一道名菜。此菜具有色泽红艳、汁浓味醇、肉酥烂而不碎、味香酥而不腻的特点。说起“东坡肉”的来历，还流传着一段有趣的故事。

当年，苏东坡触犯了皇帝，被贬到黄州。闲下来的苏东坡经常亲自烧菜，并与朋友们一同“品尝”。后来新皇帝即位，苏东坡被重新起用调到杭州作官，此时西湖已被葑草淹没了大半。他发动数万民工除葑田、疏湖港，把挖出来的泥堆筑成长堤，就是后来的“苏公堤”。为了感谢苏东坡对当地所作出的贡献，杭州的老百姓逢年过节时就给苏东坡送猪肉。苏东坡收到猪肉后，就叫家人把肉切成方块，用自家的烹调方法烧制，连酒一起按照民工花名册送给每家每户。但家人烧制时，把“连酒一起送”听成了“连酒一起烧”，没想到这样烧制出来的红烧肉味道更加鲜美，吃到的人都赞不绝口，后来就被人们命名为“东坡肉”了。

“逍遥鸡”的故事

“逍遥鸡”是安徽省合肥市的美食一绝，为历史名菜。它用整鸡制作，入口香酥麻脆，食后留香长久，并且风味独特。

相传在赤壁大战前夜，曹操突然卧病不起，只得在逍遥津暂作休息。眼看破吴在即，却群龙无首，曹操军中上下个个焦急万分。曹军在曹操亲自指挥作战过的“教弩台”下，日夜加紧操练。这天正演习时，忽有个庐州人献上“秘方”。随行军中的大厨师根据“秘方”，捉来一只斤半大小的当地“伢鸡”，配中药和好酒卤制后送给丞相吃。曹操已多日吃不下饭，勉强支撑进食。然而，曹操吃了第一口后，顿时觉得此鸡肉味美无比，不觉食欲陡增，竟一口气吃下大半只鸡。而后，厨师连做三次，曹操都吃个精光，身体很快恢复了健康。

此后，曹操行旅所到之处，必定专请厨师餐餐必备此鸡，并且不住地向身边人夸赞说：“真乃美味逍遥鸡也。”“逍遥鸡”因此出了名。

为什么北方人偏爱饺子

我国北方人有一种习俗，逢年过节，迎亲待友，总要包顿饺子吃。其实，现在的人不知道，在古代，“饺子”也叫“角子”。

早在三国时期，张揖所著的《广雅》中就提到这种食品。它是一种融合几个朝代的“偃月形馄饨”和“燥肉双下角子”制作发展而来的，距今已有一千四百年的历史了。

“饺子”在其漫长的发展过程中，名目繁多，古时有“牢丸”“扁食”“饺耳”“粉角”等名称；唐代则形象地称为“汤中牢丸”；元代称为“时罗角儿”；明代，称为“粉角”；清代，称为“扁食”。

清代有史料记载说，每年初一，无论贫富贵贱，都要用白面来做饺子吃，举国上下无一例外。不同的是，富贵人家暗以金银小锞藏之饽饽中，以借喻顺利，家人食得者，则终岁大吉。由此可见，新春佳节人们吃饺子，寓意吉利，以示辞旧迎新。

川菜的由来

川菜是一个历史相当悠久的菜系，其发源地是古代的巴国和蜀国。川菜系的形成时间，大致在秦始皇统一中国到三国鼎立之间。当时，四川政治、经济、文化中心逐渐移向成都。同时，也把中原地区先进的生产技术带到了成都，这对川菜的发展起到了巨大的推动和促进作用。

三国时，魏、蜀、吴鼎立，刘备以成都为“蜀都”。虽然全国范围内处于分裂状态，但蜀中相对稳定，为商业包括饮食业的发展创造了良好的条件，使川菜在形成初期便有了坚实的基础。

在唐代，川菜更是脍炙人口。诗人陆游就有“玉食峨眉木耳，金齑丙穴鱼”的诗句赞美川菜。在宋代，川菜已经形成流派，当时的影响已达中原。元、明、清建都北京后，随着入川官吏的增多，大批北京厨师前往成都落户，经营饮食业，从而使川菜得到了进一步发展，逐渐成为我国的主要地方菜系。

湘菜是怎么发展的

湘菜，是我国历史较为悠久的一种地方风味菜系。此菜系早在汉朝就已经形成，其烹调技艺在当时已有相当高的水平。

春秋战国时期，湖南主要是楚人和越人生息的地方，多民族杂居，饮食风俗各异，祭祀之风盛行。每次祭祀活动总是宴饮伴随着舞乐，祀天神、祭地祇、享祖先、庆婚娶、办丧事、迎宾送客都要聚餐，对菜肴的品种也有严格要求，在色、香、味、形上都很讲究。

秦汉两代，湖南的饮食文化逐步形成了一个从用料、烹调方法到风味风格都比较完整的体系，其使用原料之丰盛，烹调方法之多彩，风味之鲜美，都是比较突出的。从湖南长沙市马王堆中轪侯妻辛追墓出土的随葬遣策上可以看出，在2000多年前的西汉时，湖南的精肴美馔已近百种。如：仅肉羹一项就有5大类24种。其中，用纯肉烧的叫太羹，是羹中最好的，共有9种，且均为浓汤。

从出土的西汉遣策中可以看出，汉代湖南饮食生活中的烹调方法与战国时代相比已有进一步的发展，发展到羹、炙、煎、熬等多个品种。而烹调用的调料则有盐、酱、韭、梅、桂皮、花椒、茱萸等。由于湖南物产丰富，素有“鱼米之乡”的美称，所以自唐、宋以来，尤其在明、清之际，湖南饮食文化的发展更趋完善，使湘菜逐步成为全国八大菜系中一支具有鲜明特色的菜系。

“京八件”指的是哪些

“京八件”不是八件物件，而是八样京味食品。“京八件”是指八种形状、口味不同的宫廷糕点，它们是在宫廷“大八件”的基础上发展而来的。

新开发的“京八件”，产品既继承了老北京的糕点制作的艺术特色，又融合了西式糕点的工艺，选用了营养、绿色、健康的玫瑰豆沙、桂花山楂、奶油栗蓉、椒盐芝麻、核桃枣泥、红莲五仁、枸杞豆蓉、杏仁香蓉八种馅料，并配以植物油、蜂蜜等辅料。

传统的“大八件”有以下八种：象征幸福的“福字饼”，象征高官厚禄的“太师饼”，象征长寿的“寿桃饼”，方形带有双“囍”字的“喜字饼”，象征财富的“银锭饼”，像一卷书的“卷酥饼”，谐音“吉庆有余”的“鸡油饼”，寓意年轻夫妇早生贵子，而且要有男有女的“枣花饼”。这八种食品分别象征福、禄、寿、喜、财、文等，故称“大八件”。

“小八件”则是做成各种水果形状的糕点，有小桃，俗称寿桃；小杏，谐音幸运、幸福；小石榴，象征多子；小苹果，寓意平平安安；小核桃，寓意和和美美；小柿子，谐音事事如意；小橘子、枣方子也各有寓意。“小八件”块儿小，重量比“大八件”要轻。此外，还有酒皮“细八件”，用料更讲究，做得更精细。

由此可见，“京八件”不仅味道美，而且寓意丰富，因而受到了人们的喜爱。

北京烤鸭为何名震海内外

北京烤鸭是北京全聚德烤鸭店的名食，它以色泽红艳、肉质细嫩、味道醇厚、肥而不腻的特色，被誉为“天下美味”而驰名中外。

北京烤鸭的材料主要来源于北京鸭，它是当今世界最优质的一种肉食鸭。据说，这种肉食鸭的饲养，大概始于辽金元时期。这个时期的一位统治者游猎，偶然捕获了这种鸭子，用来饲养，从而得此优良纯种，并培育成今之名贵的肉食鸭种。

关于烤鸭，早在公元400多年的南北朝《食珍录》中即有“炙鸭”一词出现。到南宋时，“炙鸭”成为了当时临安城中的名吃。那么，后来为什么改叫北京烤鸭呢?

据《元史》记载，元军攻破临安城后，元朝统治者将城里的数百名能工巧匠迁徙至大都（北京），这其中就包括烹饪师傅。由此，烤鸭技术传到北京，而烤鸭则成为元宫御膳奇珍之一。据说清朝的乾隆皇帝以及后来的慈禧太后都特别爱吃烤鸭。从此，烤鸭便正式被命名为“北京烤鸭”。

古人的炊具是什么

我国古代的炊具主要有灶、鼎、鬲、甑、釜、甗、鬶、斝八种。

最原始的灶是在地上挖成的土坑，直接在土坑内或再于其上悬挂其他器具进行烹饪。秦汉以后，绝大多数炊具必须与灶相结合才能完成烹饪，因此灶成为烹饪的必备设施。

鼎主要是用来煮肉和调和五味的。秦汉时期，鼎作为炊具的意义已大为减弱，逐渐演化成标示身份的随葬品。

陶鬲是炊具，青铜鬲则同时也作为祭祀用的礼器而存在于夏商周时期。

甑就是底面有孔的深腹盆，是用来蒸饭的器皿，今天的厨房器具中仍能见到它的遗风。

釜古代写作鬴，实际就是圆底的锅。它产生于新石器时代中期，商周时期有铜釜，秦汉以后则有铁釜，带耳的铁釜或铜釜叫鍪，釜是放置在灶上使用的。

甗是一种复合炊具，上部是甑，下部是鬲或釜；下部烧水煮汤，上部蒸干食。陶甗产生于新石器时代晚期，商周时期有青铜甗，秦汉之际有铁甗，但在东汉之后，甗基本消失，因此现代汉语中没有相关的语汇。

鬶是中国古代炊具中个性最为鲜明独特的一种，只见于新石器时代晚期的大汶口文化和山东龙山文化，其他地域罕有发现。同鬲一样，鬶也是利用空袋足盛装流食而烹煮的，但它因有可以外泄的流和鋬而显得功能更加齐全。

古代人去污用什么

古时候，没有洗衣粉，如果衣服脏了是怎么来清洗的呢？其实，古人的洗涤用品远比大家想象的多得多。

古人洗衣服时，一般使用草木灰浸泡的溶液，即“灰水”。这是因为，草木灰中含有碳酸钾，能去污。到了魏晋时候，就出现了形状和现在的香皂相似的洗涤剂——皂角。当时还有一种洗涤剂叫“澡豆”。后来，人们又在澡豆的制作工艺方面加以改进，在研磨猪胰时加入砂糖，又以碳酸钠（纯碱）或草木灰（主要成分是碳酸钾）代替豆粉，并加入熔融的猪脂，混和均匀后，压制成球状或块状，这就是“胰子”了。胰子的化学成分和今天的香皂极为相近。

酒器有哪些

我国酒的历史源远流长，而用来盛酒的器具也是五花八门、形状各异。那么，我国古代不同时期的酒器有哪些种类呢?

（1）尊：古代用于盛酒的礼器，用于祭祀或宴享宾客之礼，后泛指盛酒器皿。出现在周代。

（2）壶：古代用以盛酒或粮食，后也用于盛其他液体。后世多用“箪食壶浆”来指犒劳军队。

（3）觯：用陶、木、兽角或青铜等材料制成。形状不一，通行者多为圆腹，圈足有盖。盛行于商代及周初。

（4）角：青铜制，形似爵而无柱与流，两尾对称，且有盖，多用以温酒和盛酒。出现在商代和西周初期。

（5）觥：古代酒器。刚开始用兽角，后多用青铜、玉、木、陶等制作。

（6）杯：椭圆形，是用来盛羹汤、酒、水的器物。杯的质料有玉、铜、银、瓷器，小杯为盏、盅。

古代酒器的种类、形状真的是太多了。除了上述所说的几种之外，还有许多酒具，甚至有很多今人所无法考证的。我国酒文化的博大精深，由此可见一斑。

行酒令的发展你知道吗

“酒令”是酒桌上的一种助兴游戏，一般是指席间推举一人为令官，其余的人听令轮流说诗词、联语或其他类似游戏，输了的人或是违令的人就会被罚酒。

“饮酒行令”是中国人特有的一种饮酒方式。“酒令”由来已久，开始时可能只是为了维持酒席上的秩序而出现的。到了汉代，则出现了“觞政”，就是在酒宴上执行觞令，对不饮尽杯中酒的人实行处罚。在远古时代的射礼中，为宴饮而设的称为“燕射”，也就是通过射箭的形式来定胜负，输的人就会被罚酒。古人还有一种被称为“投壶”的饮酒习俗，源于西周时期的射礼。现在最通行的行酒令就是“猜拳”了，在“猜拳”中输了的人要饮酒。

总的说来，“酒令”从表面上看是用来罚酒的，但实际上，行“酒令”最主要的目的是活跃酒席上的气氛。

茶起源于哪里

今天，不少日本人认为茶道起源于日本，世界上因此引发了不少有关茶起源的争论。

实际上茶道最早起源于中国。中国人至少在唐或唐以前，就在世界上首先将茶饮作为一种修身养性之道，唐朝《封氏闻见记》中就有这样的记载：“茶道大行，王公朝士无不饮者。”这是现存文献中对茶道的最早记载。当时社会上茶宴是一种很流行的社交活动。

唐吕温在《三月三茶宴序》中对茶宴的优雅气氛和品茶的美妙韵味，做了非常生动的描绘。在唐宋年间，人们对饮茶的环境、礼节、操作方式等饮茶仪程都很讲究，有了一些约定俗称的规矩和仪式，茶宴已有宫廷茶宴、寺院茶宴、文人茶宴之分。

从唐代开始，中国的饮茶习俗传入日本。到了宋代，日本开始种植茶树和制茶，直到我国明代时，独具特色的日本茶道才真正形成。因此，所谓的“茶道起源于日本”的说法是不符合历史事实的。

一日三餐是怎么发展变化而来的

汉代以前，人们一日只吃两餐，当时人们认为，只要是一日用过两餐，便意味着一天的时间就过去了。这也是由于当时农业不发达而导致的。所以，古时候，在不应进餐的时间用餐，会被认为是一种越礼的行为或特别的犒赏。

那么，什么时候又由“一日两餐”演变为“一日三餐”的呢？据《史记·项羽本纪》记载，项羽听说刘邦欲王关中，便下令将一日两餐改为一日三餐，借此犒劳将士，激发士气。当刘邦知道后，便也效仿项羽，借此来鼓舞士气。汉代以后，一日三餐或一日四餐的习惯就流下来了。并且，三餐开始有了早、中、晚饭的分别。经过不断地演变，时至今日，我国不论南方北方，人们普遍习惯于一日三餐了。同时，从另一个角度来看，历史演变形成的一日三餐制，也是有科学道理的。

冬至人们的食物都是哪些

冬至这天，也是古人十分重视的节日，因此在这天大多边塞闭关，商旅停业，朝廷不理事，官衙放假，亲朋好友之间还要相互宴请，从而产生了如“吃冬至肉”“献冬至盘”“供冬至团”“馄饨拜冬”等习俗。

“吃冬至肉”是南方冬至扫墓后同姓宗族祠堂按人丁分发“胙肉”的古老食俗。当然，这样的习俗也有很多讲究。分肉的时候，要按照地位、学识的高低来分，用这样的方法来鼓励知识分子。同时，还要优先照顾老人，以示敬重。冬至肉用祠堂公积金或富家捐款购置，由族长主理其事。

“供冬至团”这种习俗流行于江南地区。冬至团是以糯米粉为面团，内包肉、菜、糖、果、赤豆沙、萝卜丝等蒸成，主要用来做供品，同时也是冬至宴上的必备食品之一。

“馄饨拜冬”是北方的一种冬至习俗。《帝京岁时广记》里说，之所以选用馄饨拜冬，是因为“夫馄饨之形有如鸡卵，颇似天地浑沌之象，故于冬至日食之”。

唐代人的建筑用料是什么

香料在古代是人们生活中稀有的用品，一般人难以有长期使用的机会。然而，在唐朝香料却被达官贵人们用来建造房子。

根据《唐书》和唐人笔记载录，奢侈的唐朝人竟然用香料建造亭台楼阁，当然，这也只出现在皇宫和一些达官显贵人家。比如，唐玄宗在兴庆宫里用沉香木为杨贵妃建造了一个沉香亭；杨国忠家里也曾用沉香木建造了一座楼阁。

令人更为惊讶的是，用香料建造房子还是当时上层社会中的一种十分流行的风气，而不只是个别现象。《资治通鉴》记载，唐朝人对沉香取材的认识已经形成一套理论。

其实，唐朝人能用香料建造房子并非偶然。它与唐朝发达的贸易有直接关系，这也从一个侧面反映出了唐朝在当时世界上的地位。大约自唐朝中期开始，海陆交通超越陆路而发达，海船可以直接往来于南中国海与波斯湾之间，所以使得这些地方的香料大量涌入中国。《大唐和尚东征传》就记述，在广州珠江水面上云集着各国的海船，而这些船上香料堆积如山。由此可见，在唐朝，香料并不像我们想象得那样稀奇难得。虽说香料来源充足，但用香料来建造房子，实在是今人所无法想象的。

古代大门前为何要摆放石狮

在古代，狮子被中国人视为吉祥之物。古代的官衙庙堂、豪门巨宅大门前，都摆放一对石狮子，用以镇宅护院。直到现代，许多建筑物大门前，还会安放一对石狮子。那么，用石狮子把门的这种习俗是如何形成的，起源于何时呢？

在汉代以前，中国并没有狮子。后来，张骞出使西域，才将狮子引入中国，从而让狮子进入了中国人的民俗生活之中。在民间，狮子颇受礼遇，还被尊为“瑞兽”，抬到了与老虎不相上下的地位。

将石狮子作为看门护院的神兽的习俗大约形成于唐宋时期。然而，把石狮子摆在大门前，到底有何用意呢？

对此，民间流传有四种说法。其一，古人认为石狮子可以避邪纳吉，因此在很早以前就用来镇守陵墓；其二，在民间传说中，狮子有预卜灾害的功能；其三，在宫殿、王府、衙署、宅邸的门前安放石狮子，可以显示主人的权势和尊贵；其四，石狮子是古代建筑物不可缺少的装饰品。

古代受欢迎的家具类型有哪些

在我国古代，每个地方都有自己的家具特色，有时甚至在同一个地区内、不同的文化背景下，家具都会有不同风格。其中，产自苏州、广州、北京的古代家具，分别代表着不同的风格特点，是古代家具的三大主要流派。

（1）苏式家具。在明代时，家具制造业还没有流派之分。当时的家具制作，主要集中在以江苏南部为中心的长江下游地区。随着时间的推移，苏州、扬州及松江一带的家具制作水平越来越高，并形成了固定的风格，即“苏式家具”。到了明代，苏式家具成为明代家具的主要流派。由此可知，名扬中外的明式家具，主要是以苏式家具为主。

（2）广式家具。由于广州是东南亚各国优质木材贸易的主要中转站，具有得天独厚的物质条件。东南亚各国出产的优质木材在这里汇集，使得广式家具在短时间之内得以迅速发展。在清朝时，广式家具迅速取代了苏式家具的主流地位，成为当时宫廷的主要家具来源。

（3）京式家具。所谓京式家具，就是北京地区清代上层社会的家具流派。现代史学家一般公认的京式家具多为清宫宫廷作坊（如造办处、御用监）在京制造的家具，以紫檀、黄花梨等几种硬木家具为主。在清代家具流派中，京式家具是一个重要的组成部分，与苏式家具、广式家具并称于世。

你知道塌和床的区别吗

今天的许多人认为，床和榻是没有什么区别的。其实，古代并不是这样的。

“榻”最早出现于西汉后期，它一出现便被定义为一种坐具，而且与床有着不同的用处。从今天出土的文物来看，榻看起来像是一种低足的平台，有的带有高围屏风，有的在屏风上还挂着有帐饰，且大多是供一个人独坐的。后来，随着社会的发展，原先的榻，也随之大型化了，并最终使其和床基本上没有了分别。对于这一点，大家现在可以从南唐画家顾闳中的《韩熙载夜宴图》中看到，图中有两件榻。其中，一件榻上可同时坐五人，并绰绰有余。同时，在它的左右与后面都装有围板，其基本构造与后来的明清罗汉榻相一致，只是围板要高得多。

北方人的“床”是怎样的

南方人睡床，北方人睡炕，这是因为地域气候不同而致的不同生活习惯。南方炎热而且潮湿，人躺在竹、木床上，上下悬空，利于空气流动，既凉快又不易受潮。北方寒冷，人们多在房中砌一铺大炕。炕的结构远较床复杂，搭法也不尽相同，有洞炕、花炕及空心炕之分。

炕是北方人的“暖床”。尽管在如今的北方城市中，大部分人家已没有炕，但是北方人对炕的那种感情却是难以割舍的。作为最原始的一种取暖方式，“炕”在中华文明的历史长河中也是承载着一种文化的符号。

古代马桶是怎么样的

要说马桶从何而来，就要从汉代说起了。据《西京杂记》记载，汉朝宫廷里有种叫“虎子”的方便时用于支撑的东西。平时由皇帝的侍从拿着，以备皇上随时方便。“虎子”，就是后人所称的坐便器、便壶，是马桶的前身。

关于“虎子”的来历，据说是西汉时“飞将军”李广射死卧虎，让人做成虎形的溺具，在里面解小便，以表示对猛虎的蔑视。可是到了唐朝，因为李氏祖上有叫“李虎”的，便将“虎子”一词改为“兽子”或“马子”，再往后就俗称“马桶”和“尿盆”了。

古代人是怎么刷牙的

“刷牙”是现代人每天必不可少的一件事。但是，古代的人也刷牙吗？在发明牙刷和牙膏之前，古人是怎样刷牙的呢？

在我国辽墓穴中出土过一件用骨头做的牙刷柄，它是迄今发现的世界最早的牙刷实物，因此有关学者认为我国是最先使用牙刷的国家。在元末郭钰的《郭恒惠牙刷得雪字》一诗中所记载的牙刷是：柄如短簪，由玳瑁制成，刷毛是白色马鬃，由白色丝线锁固在刷柄上。当时的人们认为这种东西很新奇，并且十分贵重。

其实，早在这之前，古人就已经掌握了许多护齿方法。根据《礼记》中的记载，中华民族早在2000年前就已经知道要早晨洗脸、漱口了。而刷牙就是在漱口的基础上发展起来的一种洁牙方法。

除了漱口以外，古代还有咬杨枝清洁口腔的习惯。根据佛教经典记载，僧侣们“每日旦朝，须啮齿木，揩齿刮舌”，即依靠咬嚼一种叫做“齿木”的枝条，摩擦牙齿表面，同时还用它刮舌，以确保口腔的卫生。由此可见，古人虽然没有今天的牙刷和牙膏，但对牙齿的清洁还是很有办法的。

古代人的镜子是怎么样的

祖先们常常靠水中映照出来的影像整理自己的仪容。所以，那时候把这种方式称为“鉴于水”。后来，开始出现了一种叫做“水镜”的东西。同时，还出现了一种与镜子类似的器具，叫做“阳燧”，也就是现在的凸面镜。

中国的镜子起源于商代，为铜铸造而成的铜镜。这种镜子，一面磨光发亮，另一面铸刻花纹。因铜镜主要用于照出自己的面容，故也叫“鉴”或“镜鉴”。战国时，铜镜制作工艺日趋成熟。到了汉代，制作更加精美，花纹也出现了各种样式，如鸟、兽、人物等图案。东汉中期至魏晋时，出现了有浮雕画像的镜子。唐代，制镜工艺更为讲究，出现了形状各异的八棱、菱花、海棠花等镜子。

古代的镜子，大多数都为铜镜，但也有少量的铁镜。清代以后才出现了像人们今天所使用的玻璃镜子。

古代女子用什么化妆

对于中国古代的女子是如何化妆的，很多人都会感到好奇。那么，下面大家就来见识一下中国古代女子最常用的三种化妆品。

（1）妆粉。古代女子擦的粉多选自“米粉”。除了米粉之外，还有铅粉。这些粉都可以让皮肤看起来更白。即使铅粉有毒，但女人们为了美丽，不惜每天用微量的铅粉达到美白的效果。

（2）黛粉。在古代，没有专门用来画眉毛的材料，因此女人们都用柳枝烧焦后画眉毛。随后出现了“黛”这种用来画眉毛的藏青色矿物。使用前必须先将黛放在石砚里磨成粉状，加水调和后才能使用。

（3）胭脂。古代的口红原料是一种叫“红蓝”的花朵，与妆粉调和后也可当腮红使用。后来，人们在这种红色颜料中加入了牛髓、猪胰等物，使其成为一种稠密的脂膏。

当然，除了上述常用的三种化妆品外，中国古代女子还有不少配饰妆。

雨伞的来历

古人从头顶一片大荷叶冒雨行走受到启发，发明了雨伞。中国是世界上最早发明雨伞的国家，从发明之日到现在至少有3500多年的历史。

后魏时期，伞被用于仪仗队伍当中，称做“罗伞”，官阶大小不同，罗伞的大小和颜色也有所不同，而且这种伞没有任何实用功能。皇帝出行时，要用黄色罗伞，表示“荫庇百姓”。

伞在我国诞生之后，随着对外开放和交流的日益扩大，逐渐传到了国外。唐朝时，日本先后向我国派出了19批“遣唐使”，共计500余人。他们把制伞工艺带到了日本，然后传到了亚洲其他地区乃至全世界。

第10章　交通商业

交通是指从事旅客和货物运输及语言和图文传递的行业，包括运输和邮电两个方面，在国民经济中属于第三产业。当然，这是对现代交通的解释，那么在遥远的古代，我们的交通和商业又是怎么样的呢？

古代也有“高速公路”——秦直道

说到万里长城，人们都会想到秦始皇，但说起与秦长城同期修建、工程规模和难度几乎相当的，也被誉为人类历史上第一条高速公路的秦直道，恐怕鲜有人知。

2000多年前，秦始皇令大将蒙恬修建的秦直道北起九原郡（今内蒙古包头市九原区），途经鄂尔多斯全境，南抵秦都咸阳附近（今陕西淳化北甘泉宫），全长700余公里，路面平均宽度约30米，最宽处约80米，30多万大军利用两年半时间修建而成。由于道路大体南北相直，如剑直劈，故称秦直道。

从《史记·秦始皇本纪》记载的“三十五年（公元前212年）除直道，道九原，抵云阳，堑山堙谷，直通之”来看，秦直道要开山填沟、直穿黄河，这在两千多年前可谓浩大工程。

秦直道联系了中原地区和西北地区，对我国民族团结发挥了重要作用，促进了中原农耕文化与草原游牧文化的交流与融合，被誉为“人类历史上第一条高速公路”。

“马路”是怎么由来的

说到“马路”之名的起源，现代的人认为古人一般都是以马驾车，所以让其行走的道路就顺理成章地成了“马路”。但是，了解历史的人都知道古代的马车多是有钱人的交通工具，普通老百姓只能坐坐牛拉车。甚至在马匹奇缺的时期，贵族也坐不上马车。就像西汉建国之初，皇帝想用相同毛色的牛来拉车都配不齐。因此把大路叫马路是不合理的。那么“马路”这个名字到底是怎么得来的呢？

其实，“马路”是个外来物。18世纪中期工业革命发生后，随着科学技术的进步，经济迅速发展，对交通运输也提出了更高的要求。为了改变当时的交通状况，英格兰人约翰·马卡丹设计了新的筑路方法：用碎石铺路，并且路的中央偏高。这样铺好的路不但路面平坦宽阔，而且更便于排水。由于马卡丹设计的路得到广泛的应用，人们便取其设计人的姓，把这种路命名为“马卡丹路”，简称“马路”。

驿站——在古代运输中有着重要的地位

驿站，简单讲是古代接待传递公文的差役和来访官员途中休息、换马的处所，以后功能逐步有所扩展，最后被新生事物取代。

驿站在我国古代运输中有着重要的地位和作用，在通讯手段十分落后的古代社会，驿站可以说就是古代各种政治、经济、文化、军事等方面的信息传递的枢纽，甚至可以把它说成是古代的物流公司。

我国古代驿站各朝代虽形式有别，名称有异，但是组织严密、等级分明、手续完备是相近的。封建君主依靠这些驿站实现信息采集、指令发布与反馈，以达到封建统治控制目标的实现。由于当时历史条件的限制、科学技术发展的水平局限，其速度与数量虽然与今无法相比，但就其组织的严密程度、运输信息系统的覆盖水平也不亚于现代通信运输。可以说那时的成就也是我们现代文明的基础的一部分。

“木牛流马”真的存在吗

对于“木牛流马”，在罗贯中的《三国演义》中做了这样的描述：诸葛亮造木牛流马，解决了几十万大军的粮草运输问题，而且这种工具不吃不喝，不用任何外加动力就可自己走路。事实真的是这样吗？

仔细翻阅有关史料，并没有发现关于“木牛流马”的详细史料记载。但就现在的科学理论来说，“木牛流马”不吃不喝还能走的事情，显然是不符合现代科学上的能量守恒定律的。

假如把“木牛流马”当做现代的机械用具来看，其存在也是不可能的。因为当时没什么石油、天然气之类的能源物质，所以没有可以为其提供动力的能量。

但是，历史上确实存在着无数个谜团，也许“木流牛马”就是一个虚构的物品，但是在谜团未揭开之前，谁也不能否认它的存在。

“狗拉爬犁”——黑龙江沿江地区常用的交通工具

一到冬季，黑龙江地区冰天雪地，一般的车马都无用武之地。这时，“狗拉爬犁”就成了黑龙江沿江地区常用的交通工具。

爬犁的样子，远处看去像车，近处细看又有些像船。其基本结构主要有：两个弯成半圆形或两头翘起中间平直的船形滑动支架，连接滑动支架并铺上木板或柳条的横梁以及两支供驾驭用的辕把。爬犁即可载人又可载物。人出门时，乘上爬犁一天可以疾行200余里。进山狩猎丰收，几百斤重的猎物装上爬犁一气即可拉回。

驱使爬犁行驶的动力也因其样式和规格大小而异。常见的，则是用狗牵拉的爬犁，小者只需一二条狗，大者要用十几条。

时至今日，乘坐爬犁驰骋于冰川雪原，已经成为游客冬季到东北地区时必不可少的冰雪旅游项目，制作爬犁的材料与爬犁样式又有了新的发展。有的爬犁虽然仍由狗来牵拉，但整个架子由钢铁焊成，下部依然半圆，上面却安装一张靠椅。一家三口乘坐，兴味盎然。

独轮车是谁发明

“独轮车”在今天的社会已经很少见，所以让现代人说出它的来历还真是件难事。那么独轮车的第一个创制人究竟是谁呢？熟悉历史的人会立刻想起蜀国丞相诸葛亮。

因为，历史上说诸葛亮制造了木牛流马运输物资，而据史学家考证：木牛流马其实就是独轮车。宋代高承撰《事物纪原》也将造独轮车之功归于诸葛亮。

然而，据历史记载，蜀国著名的钢铁冶炼技师蒲元曾上书诸葛亮，禀告造成木牛之事。所以在诸葛亮之前，可能还有一些能工巧匠，已经造出了独轮车。根据汉画相传和一些文字记载，独轮车的发明时间可上推到西汉晚年，或称为“鹿车”“辘轳车”。

由此可见，要回答“独轮车的创造人是谁”就如同要证明“木牛流马是否真的存在”一样，是个含糊不清的历史之谜。

京杭大运河

一提到京杭大运河，很多人都首先想到的是暴君隋炀帝，认为运河就是他所在位的朝代开凿的。其实不然，京杭大运河的开凿与演变大致分为三个时期：

春秋吴王夫差十年开凿的邗沟至战国时代又先后开凿了大沟和鸿沟，从而把江、淮、河、济四水沟通起来。这是京杭大运河的萌芽期。

隋炀帝时代是运河开凿的第二时期。到隋炀帝时，为了加强中央集权和南粮北运，开凿京淮段至长江以南的运河，全长约2700公里。

元、明、清阶段开凿的运河是我们这里所说的运河的第三个时期，元代开凿的重点段一是山东境内泗水至卫河段，一是大都至通州段，是今运河的前身。

京杭大运河是中国古代劳动人民创造的一项伟大工程，是祖先留给我们的珍贵物质和精神财富，是活着的、流动的重要人类遗产。在两千多年的历史进程中，大运河为中国经济发展、国家统一、社会进步和文化繁荣作出了重要贡献，至今仍在发挥着巨大作用。

船舶是怎样发展的

早在新石器时代，我们的祖先就广泛使用了独木舟和筏，以其非凡的勇气和智慧走向海洋，为我国的航海业奠定了基础。

秦汉时期是我国古代造船的第一个高峰期，但所造船舶主要是用于战争。据史书记载，秦始皇曾派大将率领用楼船组成的舰队攻打楚国。统一中国后，他又几次大规模巡行，乘船在内河游弋或到海上航行。汉朝所造的楼船，也是古人造船技术高超的一个标志。秦汉造船业的发展，为后世造船技术的进步，奠定了坚实的基础。

到南朝时，为了提高航行速度，将船舶装上桨轮，称为“车船”。这种船利用人力以脚踏车轮的方式推动船的前进。虽然没有风帆利用自然力那样经济，但是这也是一项伟大的发明，为后来船舶动力的改进提供了新的思路，在造船史上占有重要地位。

唐宋时期为我国古代造船史上的第二个高峰时期，无论从船舶的数量上还是质量上，都体现出我国造船事业的高度发展。

明朝时期，我国造船业的发展达到了第三个高峰。由于元朝经办以运粮为主的海运，又继承和发展了唐宋的先进造船工艺和技术，大量建造了各类船只，其数量与质量远远超过前代。

总之，在经过秦汉时期和唐宋时期两个发展高峰以后，明朝的造船技术和工艺又有了很大的进步，登上了我国古代造船史的顶峰。明朝造船业的伟大成就，久为世界各国所称道。

四大古桥指哪些

赵州桥、卢沟桥、洛阳桥、广济桥并称中国古代四大名桥，属于全国重点保护文物，是中国桥梁建筑中的宝贵遗产。

赵州桥又叫安济桥，坐落在河北省赵县城南五里的洨河上，是隋朝石匠李春设计建造的，距今已有近1400年的历史，是世界现存最古老最雄伟的石拱桥，在世界上相当长的时间里也是独一无二的。

卢沟桥位于北京西南郊的永定河上，是联拱石桥。桥始建于公元1189年，成于公元1192年，元、明两代曾经修缮，清康熙三十七年(1698年)重修建。

卢沟桥久已闻名中外。意大利人马可·波罗的《马可·波罗行纪》一书，对这座桥有详细的记载。1937年七七事变在此发生，是日本帝国主义侵略中国本土的开始，卢沟桥因此成为有历史意义的纪念性建筑物。

洛阳桥原名万安桥，位于福建省泉州东郊的洛阳江上，是我国现存最早的跨海梁式大石桥。洛阳桥是世界桥梁筏形基础的开端，为全国重点文物保护单位。

广济桥又称湘子桥，位于广东省潮安县潮州镇东，横跨韩江。该桥始建于南宋乾道六年(1170年)，是中国也是世界上最早的一座开关活动式大石桥。广济桥上有望楼，为我国桥梁史上所罕见。

古代商人的地位

了解中国历史的人都知道，在封建社会，人们的社会地位是按“士、农、工、商”从高到低依次排列的。商人在古代被看做是社会地位最低的一类人，这是为什么呢?

因为在封建社会，统治阶级往往就是最高级的地主阶级。他们通过政治权利剥削百姓，搜刮钱财和土地。而商人却通过做生意，互通有无，把百姓的钱财迅速聚积起来，从而也同样能够过上像帝王和官员般奢侈的生活，这在一定程度上已经威胁到了帝王和官员的身份和地位，也使百姓开始质疑所谓的“天命神权论”。由此可知，所谓“重农抑商”政策，其实就是统治阶级为了巩固自己的地位而提出的。

而且，在古代，由于商人大多游走各地，政府对商人这一群体管理困难，很难对其征集劳役和兵役。另外商人的流动性对当时的社会的稳定统治也会产生威胁。很多限制流通的物资（如盐、铁）都可以通过商人来流通，还有许多不利于封建统治的思想也是由商人传播开了的。更有甚者，商人可以迅速聚积起大量财富，从而积聚其挑战统治阶级的力量，这也是帝王们所恐惧的。

所以“士、农、工、商”等级的确定是统治者按各等级对自己统治的贡献和危害程度来确定的。

“商人”的称呼是从何而来的

古往今来，社会上一直把做买卖的人称作“商人”，把做买卖很文雅地称作是在“经商”。那“商人”这个名字到底是怎么来的呢？

中国的封建社会虽然主要是自给自足的农业社会，但中国商业其实早在奴隶制时期的商代和西周就已经产生。在商朝时期，商业更是达到了一个兴盛时期，一部分商族人经常到周边民族地区开始农贸产品互换方式，因此，在外族人心目中，做买卖的就是商族人。

商朝灭亡后，商族人做买卖的就更多了，虽然后来随着历史的发展，买卖人已不再以商族人为主体，但人们却习惯仍把“商人”作为买卖人的通称。

纸币的由来

世界上最早的纸币叫做“交子”，出现于中国北宋时期的四川成都。纸币的出现是货币史上的一大进步。

钱币界也有人认为纸币的起源要追溯到汉武帝时的“白鹿皮币”和唐代宪宗时的“飞钱”。据史料记载，汉武帝时期因长年与匈奴作战，国库空虚，为解决财政困难，发行了“白鹿皮币”。

所谓“白鹿皮币”，是用宫苑的白鹿皮作为币材，每张一方尺，周边彩绘，每张皮币定值40万钱。由于其价值远远脱离皮币的自身价值，因此“白鹿皮币”只是作为王侯之间贡赠之用，并没有起到货币的作用，所以还不是真正意义上的纸币，只能说是纸币的先驱。北宋时期四川成都的“交子”则是真正纸币的开始。

中国最早的钱币始于何时

中国历史上最早的钱币萌芽于夏代，起源于殷商，发展于东周，统一于秦朝，历经了四千多年的漫长历史，创造了七十多项世界之最。不仅如此，中国钱币系统之完整，门类之丰富，脉络之清晰，内涵之博大，是任何一个国家的钱币都无法比拟的。

中国最早的货币是商代的贝类货币。在商代中期以前贝币价值很高，臣下若能获得商王贝币的赏赐那可真是极大的荣耀。故在当时又出现了许多仿制贝币，其实也就是今天我们所说的假币。

在商代晚期又出现了铜质货币，形制也仿海贝形式。铜贝堪称是我国最早的金属货币了，目前存世的普通天然贝币大多呈乳白色，表面无光泽，由于天然贝币出土很多，现基本上没人作伪，而用其他材料所制的贝币就有不少赝品了，集币爱好者在收藏时应小心谨慎。

“飞钱”指的是什么

“飞钱”是中国古代的一种纸币的名称，也被后世称作是中国汇兑业务的雏形。但是为何要把纸币起这么个名字呢？不会是它真的可以飞吧？

据史料记载：“飞钱”又叫做“便换”，最早出现在唐宪宗元和初年。唐代的经济繁荣，尤其是商业兴盛，除了本国人内部之间的商业交流外，对外贸易也很频繁。因此，随着对外贸易的比重逐渐增加，使得本国的铜钱大量外流，甚至国内很多地方还常常出现“钱荒”；其次，商品交易量的增加也使商人带上大量铜钱外出经商，有很多不便之处。在这种背景下，就出现了中国汇兑业务的雏形“飞钱”。

由此可见，取名“飞钱”是因为它在当时来说是最便于人们携带的货币，而不是所谓的“会飞的钱”。

纸币的出现在什么时候

世界上最早的纸币出现在中国的北宋时期，纸币的出现为货币的流通和国家的经济贸易带来了很大的便捷。那么是什么原因促使纸币在北宋产生？

中国历史上，宋代的商品经济发展较快，商品流通中需要更多的货币，而当时铜钱短缺，满足不了流通中的需要量，而且大量的铜钱流通起来也极为不便。但主要原因还不是出在铜钱上。为什么这样说呢？原来在北宋时期出现了铁钱，当时一铜钱抵铁钱十，每千铁钱的重量，大钱25斤，中钱13斤。买一匹布就需铁钱两万，重约500斤，要用车载。这就在客观上加重了人们对轻便的货币的期望，这也是纸币最早出现于四川的主要原因。

再者，北宋虽然是一个高度集权的封建专制国家，但全国货币并不统一，存在着几个货币区，而且是各自为政，互不通用。各个货币区又严禁货币外流，使用纸币正好可以防止铜铁钱外流。

此外，宋朝政府经常受辽、夏、金的攻打，军费和赔款开支很大，也需要发行纸币来弥补财政赤字。种种原因促成了纸币——“交子”的产生。

古代也有假币吗

从古至今，只要有巨大利益诱惑的地方就有罪恶伴随发生。我国古代自宋朝发行纸币开始，制造假币的行为也就随之产生了。那么古人是如何防止假钞的呢？

古代为了防止假币泛滥，政府最直接的手段，便是通过法律的严厉惩戒来遏止作伪者的不法行径。纸币出现后，制作假币更容易获得丰厚利润，因此政府进一步加重对违反者的处罚，并对货币的本身做了进一步的防伪措施。

首先，为了防伪，古人就以名画做货币上的图案。更有甚者直接在货币上印上谷中复杂的图案，让作假者不易摹仿。

其次，古代纸币的一个明显特点是上面印有大量文字，且均出自帝王或当时书法家之手，有的还印有刑律。印制的文字一多，则难以造假。

纸币换界也有利于防伪。因为宋朝纸币一直存在着兑换制度，所以每次换界都要重新制版，图文的不断变化给造伪者带来一定麻烦。

可见，古人虽然没有今天我们所用的各种验钞机，但对货币的防伪还是用了很大的心思的。

古代最早的金融机构——典当行

在当代有关中国金融行业的著作中，都把唐代称作是中国金融业真正形成的时代。为什么要这样说呢？这就得从中国历史上最早的金融机构“典当行”说起。

“典当行”其实就是常说的当铺。在中国历史上是先有典当，后有票号，再有钱庄，这是对中国旧时代金融业发展过程的清晰描述。

当铺最早出现在佛教寺院。南朝宋时的江陵令甄法崇的孙子甄彬，曾经到当地长沙寺的寺库中质钱，这里的寺库可能就是寺院经营的专门当铺，但也可能是寺院普通仓库而兼营典当。随着南朝佛寺典当经营活动的兴起和普及，典当逐渐成了一种民间的金融行业。

不过南北朝时期的典当业还仅仅是处于萌芽阶段。直到唐代，中国典当业才真正跳出佛寺这个狭小的圈子，成为整个社会十分普遍的蓬勃发展的金融业。唐代典当行业普及全社会，所以中国金融业的真正形成是在唐朝。

古代的银行——钱庄

票号是清代以经营汇兑业务为主的信用机构，古时也叫票庄。明末清初汇票作为汇兑的工具已有流行。乾隆、嘉庆以后，由于埠际贸易扩展，汇兑业务发展迅速，专营汇兑的票号应时产生。票号多为合伙组织，也有独资经营。每号创始资本自数万两至二三十万两不等。其后，由盈利转化有护本、倍本等名目，实有资本不断扩大。由此可见，票号的性质和今天的银行有很多相似之处。

道光初年，山西平遥县的一家颜料庄经改组为山西第一家票庄。其后，平遥、祁县、太谷三县商人继起，将原来由商号兼营的汇兑业务划出或重新集资设立票号，形成山西人独占的一大新兴行业，通称山西票号。外国人称之为山西银行。

当时票号信誉卓著，且内部组织严密，能严守秘密，虽存款利息较低，贵族、官僚也乐意将私蓄寄存。放款对象除官吏外，主要是钱庄、典当和富商，不与一般商人发生借贷关系。此外还替人代捐官衔爵位和垫款谋缺，从中获利。其收入主要来源，原是汇水和银两平色的换算盈余。后来，存放款利率上的差额和代办捐官、谋缺等活动也成为重要利源。

在钱庄兴盛以前，票号一度是封建经济的重要金融支柱，有关对外贸易的内汇也统由票号经营。

“腰缠万贯”是什么意思

在今天这个时代，一张银行卡就可以让人轻而易举地做到“腰缠万贯”。可是在古代，铜钱用绳串，千钱为一贯，万贯的重量应该是相当大的，但古人却也有腰缠万贯之说，古人的腰能承受住吗？

其实真的把一万贯铜钱用绳子串起来也是相当长的一截，把它缠在腰间更是不可能。但后来“腰缠万贯”却变成现实了，而且缠的就是金属钱。那古人是如何做到的呢？

到了宋代以后，一些富有的商贾游人出远门，为了带钱方便，防抢劫和偷盗，便把银子打成腰带缠在腰里。银带比现在的皮带稍宽稍厚，根据自己的财力和需要决定银带的长短，可在腰里缠一圈，也可缠几圈。银带外括以布绸，束在腰中。用时，从腰中掐下一段过秤即可，十分方便。想想，银子可比铜钱更值钱，这就使古人轻松做到了腰缠万贯。

工资在古代是怎么被称呼

今天的人们还喜欢把每月的工资称作是“薪水”，那么为什么要这样叫呢？它的最初含义就是“工资”吗？

其实，“薪水”的本意是打柴汲水。据《南史·陶潜传》记载：陶潜送给他儿子一个仆人，并写信说：“你每日生活开支费用，自己难以供给自己，现在派一个仆人来帮助你打柴汲水。他也是人家的儿子，要好好待他。”

在魏晋六朝时，“薪水”一词除了指砍柴汲水外，也逐渐发展为日常开支费用的意思，如《魏书·卢昶伟》中记载：“如薪水少急，即可量计。”这里的“薪水”就是指日常费用。现代一般人按月支取的工资近乎古代的“月俸”“月费”，又因为其主要作用也是用来应付日常生活开支，因此，人们常把工资称为“薪水”。

盘缠是什么意思

在中国古代，古人习惯上把外出时所带的路费叫“盘缠”，这就使得一些现代人对此很疑惑：路费干吗要叫盘缠呢？

因为中国古代的货币主要是中间有孔的金属硬币，常用绳索将一千个钱币成串再吊起来，穿钱的绳索叫做“贯”，所以，一千钱又叫一吊钱或一贯钱。有出戏叫《十五贯》，即涉及十五串钱的一个案子。

因为古人没有今天我们所用的旅行支票、信用卡等东西，而且连纸币的出现都很晚了。于是，人们在出远门办事探亲之时，只能带上笨重的成串铜钱。把铜钱盘起来缠绕腰间，既方便携带又安全，因此古人将这又“盘”又“缠”的路费叫“盘缠”了。

旅游从什么时候开始发展成为经济事业的

现在的人大都喜欢旅游，游览名山大川，参观名胜古迹。但是，你可知道旅游是在何时、由何人始创而成为一项经济事业的吗？

旅游业的始创者当属中国北宋名臣范仲淹。为什么这样说呢？据史料记载，宋仁宗皇佑二年江苏南部一带发生灾荒，当时范仲淹任杭州太守。范仲淹为了赈济灾民，便利用那里的湖山秀丽、古庙名寺众多之长，命各庙主事修葺庙宇，并在太湖举办划船比赛，然后号召各方官民出游，以此来聚集大量钱财用于赈灾。

果然，自春至夏持续数月，他们就收入了一大笔钱，范仲淹便用来救济灾民。这样一来灾民衣食有着，居守家园，免受逃荒颠沛流离之苦，实在是一桩美事。因此以后的人们就把旅游业作为一种经济事业来办，开创了先例。

第11章　服饰知识

博大精深、体系完备、悠久美丽的汉服，是中国不可多得的一大财富，是非常值得每一个炎黄子孙引以为自豪的。从三皇五帝到明代的几千年时间里，汉民族凭借自己的智慧，创造了绚丽多彩的汉服文化，发展形成了具有汉民族独特特色的服装体系——汉服体系。

兽皮制作衣服，你听说过吗

说到用兽皮制作衣服，现在的人都觉得那是原始社会的事情了，哪还有现代人直接穿兽皮的呢？事实上，这种现象就是在现代社会也是存在的。

中国东北的赫哲族是一个古老的民族，他们世世代代以捕鱼为生，以鱼肉为粮食，甚至以鱼皮为服装，以鱼骨为装饰品。这种独特的鱼文化在中国各民族中恐怕是绝无仅有的，难怪赫哲族在历史上曾被称为“鱼皮部”。

在《桦川县志》《西伯利亚东偏纪要》《皇清职贡图》等古代典籍中，都对赫哲族人的服饰有所记述，足见赫哲族人制作鱼皮服饰的历史非常久远。

赫哲族人制皮用的鱼，都是重达几十斤甚至几百斤的大鱼。制皮时，先将鱼皮整张剥下，去鳞后晒干，再经过揉搓、木槌捶砧等“熟皮”工序，使鱼皮变得像布料一样柔软；然后，用红、黄、蓝、绿等色彩鲜艳的植物染料染色，这样才可以加工成各种衣服。

然而，兽皮衣服却不是赫哲族人所独有的，东北地区许多民族都有制作兽皮衣服的高手，其中，鄂伦春族人制作兽皮衣服的技艺更是胜人一筹。他们喜爱的兽皮衣服有狍皮男女袍、鹿皮裤、狍头皮帽、狍皮袜、各式狍皮手套等。

古代不同的衣服有不同的名称

今天，人们把服装统称为衣裳，但是在我国古代，“衣”“衫”及

“裳”是有一定区别的。

在古代，“衣”分“上衣”和“深衣”，“衣裳连属，被体深邃。”而且，古代的“衣”是贴身穿的，就像现在的内衣。

“衫”是指大袖单衣，以轻薄纱罗为材料而制成，仅用单层，不用衬里，形制简便，是夏季的穿着。这点倒和人们今天穿的衬衫有几分相似。

“裳”由两片布帛制成，前后各一片，左右各留一道缝隙，主要是用来遮羞。

由此可见，我国古人穿衣服还是很有讲究的，这当然也与我国封建社会的文化有着必然的联系。

蚕丝的发现

蚕丝，乃我国古代文明产物之一，其发明当为极早之事。相传，黄帝的妻子嫘祖来到了一片桑树林，经过观察发现，一条蠕蠕而动的虫子口中吐出的细丝绕织而成白果。嫘祖给这虫子取名为“蚕”，给它织成的白果取名为“茧”。自此以后，栽桑养蚕缫丝织绸做衣就在嫘祖的领导下开始了。后人为了纪念嫘祖的功绩，尊称她为“先蚕娘娘”，有的地方还建庙祭祀她。

虽然这只是一个美丽而动听的传说，但至少也可以说明，我国最早是用野蚕丝织造丝绸的，后来才改用家蚕丝。丝绸的出现比棉布要早得多，大约在上古时代，就有了原始的蚕丝纺织技术。

据考古发现，约在4700年前中国已利用蚕丝制作丝线用来编织丝带和简单的丝织品。商周时期的人们用蚕丝织制罗、绫、纨、纱、绉、绮、锦、绣等丝织品。

蚕丝中用量最大的是桑蚕丝，其次是柞蚕丝，其他蚕丝因数量有限未形成资源。蚕丝质轻而细长，织物光泽好，穿着舒适，手感滑爽丰满，用于织制各种绸缎和针织品，并广泛用于工业、国防及医药等领域。

明朝的服饰制度是怎样的

在经过元代蒙古人的统治之后，明朝恢复了汉族的传统服饰体系，明太祖朱元璋重新制定了服饰制度。

明代太监刘若愚在《酌中志》一书中，就记述道："制后襟不断，而两旁有摆，前襟两截，而下有马面褶，从两旁起。"由此可见，当时服装所采用的质料和纹样，都有一定的规定。

《明史·舆服志》也记载了，"正德十三年，群臣大红储丝罗纱各一。其服色，一品斗牛，二品飞鱼，三品蟒，四、五品麒麟，六、七品虎、彪；翰林科道不限品级皆与焉；唯部曹五品下不与。"

明代皇帝的常服以黄色的绫罗为主，并且上面绣着龙、翟纹及十二章纹。

龙袍是皇帝的专属吗

今天，大家时常在一些古装影视剧看到，里面的皇帝在上朝时都要穿龙袍，而且龙袍也是皇帝的专用服装。然而，为什么皇帝在上朝时要穿龙袍？第一个穿龙袍的是秦始皇吗？

其实，秦始皇当年并没有穿过龙袍。中国第一个皇帝秦始皇按水、火、木、金、土（五行）与黑、白、青、赤、黄（五色）分别相配的"五德"说，穿黑色袍服。到了晋代，开始实行金德制度，以赤色为贵，故晋代皇帝着红袍。后来，"五德"说受到挑战，一些皇帝不再以"五德"说作为唯一准则。

中国封建社会的皇帝穿龙袍是从隋朝开始的，隋文帝与隋炀帝着黄袍，黄袍上绣的龙为五爪，而这就是最初的龙袍。到了唐高祖武德年间，开始在百官以及百姓中禁穿有龙图案的衣服，而龙袍则随之成为皇帝专用之服。

乌纱帽一开始就是官位的标志吗

东晋时，在都城建康的官府中做事的人，流行戴用黑纱做的帽子，人称“乌纱帽”。到了南北朝时，这种帽子在民间流传开来。这时的“乌纱帽”是百姓们常戴的一种便帽。

隋唐时，天子文武百官都戴乌纱帽。但为适应封建社会的等级制度，隋朝用乌纱帽上的玉饰多少显示官职大小。宋太祖赵匡胤登基后，对乌纱帽的样式进行了改革，即以乌纱帽上的花纹来区别官员的大小。

明代开国皇帝朱元璋定都南京后，作出规定：凡文武百官上朝和办公时，一律要戴乌纱帽，穿官服，束腰带。另外，取得功名而未授官职的状元、进士，也可戴乌纱帽。从此，“乌纱帽”才成为象征官员的一种标志，而并不是从一开始就代表着官位。

“衣冠禽兽”的最初含义是什么

在现实生活中，人们喜欢用“衣冠禽兽”这个成语来比喻那些伪君子。然而，这个词最早却是来自明朝官服上的图案。

据史料记载，“衣冠禽兽”源出明朝洪武年间，朱元璋定都南京之后，下诏拟订大明官服制度，重点就在于衣服上的“官补”，文官绣禽，武官绣兽。由此可见，“衣冠禽兽”在明代其实是地位、权力的象征，而毫无贬义。那为何后世要把“衣冠禽兽”作为一个贬义词呢？

原来明朝中期以后，宦官弄权、外戚干政，曾经广受推崇的“衣冠禽兽”自然也为百姓们所痛恨。明代陈汝元在《金莲记》中第一个将这个词用做贬义，即“人人骂我为衣冠禽兽”。此后，人们渐渐就淡忘了“衣冠禽兽”的本义，而把它用在了贬低别人的话中。

古代帽子和冠的含义分别是什么

人们的生活离不开帽子，有时是为了漂亮，有时则是为了遮风挡雨。可是，你知道古代的帽子是什么样吗？古人把帽子还称作什么？

在古代，帽子的别称就是冠。但是，冠的形状和现在的帽子并不一样。

先秦时代，冠是用来显示贵族身份的服饰标志。在阶级社会中，阶级上的差异表现在各个方面，服饰就是其中重要的一个方面，不同的服饰代表不同的等级，即为古代的礼冠制度。在封建社会中，有资格戴冠的除了统治阶级外，还有服务这个阶级的士。在汉代，冠分十几种之多，以供不同身份的人在不同的场合使用。

那么，当时的老百姓又戴什么呢？经专家学者考证，当时的老百姓经常会用巾包头或扎发髻。所谓的巾，就是用丝或麻织成的布。汉末黄巾起义军的农民战士，他们没有冠，只用黄巾包头。直到现在，西南人民仍用“帕子”包头，而这就是古代“巾”的遗风。

清代文官与武官的服饰区别在哪

清朝的官制在我国古代封建社会中是最具代表性，也是最完善的，分九品十八级官阶。其官服也是最具特色的，不同的服饰代表着不同的官阶。

文官一般以飞禽图案做补，朝冠上用不同的宝石来显示等级。如一品为仙鹤补，朝冠顶饰东珠一颗、上衔红宝石，吉服冠用珊瑚顶；之后，随官品等级的层次由高到低，二品为锦鸡补，三品为孔雀补，四品为云雁补，五品为白鹇补，用水晶石顶；六品为鹭鸶补，七品为鸂鶒补，八品鹌鹑补，九品为练雀补。

武官则是用不同的动物来做补，朝冠也用宝石来显示品级。如一品用麒麟图案作补，朝冠顶饰东珠一颗、上衔红宝石，吉服冠用珊瑚顶；而九品则是海马补，朝冠阳文镂金顶，吉服冠用镂花素金顶。

中国，“白色”的含义是什么

穿着洁白的婚纱，和自己心爱的男人携手步入婚姻殿堂是不少女孩梦寐以求的事情。在西方文化中，洁白的婚纱代表着纯洁、高贵、神圣。然而，在中国，“白色”却是丧服的主要颜色。这是为什么呢?

首先，在中国文化中，“白色”是枯竭而无血色、无生命的表现，象征着死亡与凶兆。古人信奉阴阳五行学说，西方为白虎，属于刑天杀神，主肃杀之秋，因此古人常在秋季征伐不义、处死犯人，以顺应天时。

古人在服丧期间要穿白色孝服，丧事也被婉转地称为“白事”。此外，主家还要设白色灵堂，吃“白饭”（米饭），出殡时打白幡、洒白钱。和白色有关的词组，也带有了不吉利的意味，比如将带来厄运的女人叫做“白虎星”。甚至，白色还象征奸邪、阴险，如戏剧中奸邪之人一般扮为“白脸”。

正是因为中西方文化对于白色的不同理解，才使得白色被用在了截然相反的场合。

“胄”是一种什么样的衣服

在我国古代，人们通常把保护身体的用具叫做“甲”，而把保护头部的用具叫做“胄”。所以，“甲胄”一词便成了我国古人对整套护具的称谓。

传说在上古时代，蚩尤部落最先发明了防护头部的用具，战时既能护头，又可触人。新石器时代的“胄”，多是用藤条或兽皮制成的。

用青铜制作的“胄”在商代出现。目前，我国发现最早的青铜胄是河南安阳出土的商代制品。战国时期，“胄”的外形很像当时的饭锅——鍪，所以被称做“兜鍪”。唐宋以后，“兜鍪”才正式叫做“盔”。这种铁制的头盔，作为我国古代军队中普遍使用的护头装备，一直使用到清代末年。西式钢盔传入中国，成为士兵专用的防护装备，但其形状已与古代“兜鍪”大不相同了。

古老的“甲”已成为历史文物，而“胄”却以另一种崭新的面貌演变成大家今天所见到的钢盔，并在现代战争中继续发挥作用。

古代女人为何偏爱长裙或长袍

在一些古装影视剧中，古代女子的衣服除了裙子就是长袍，却从来没有一个像今天的女子一样穿裤子的。这是为什么呢?

《易经》里有句话，“黄帝、尧、舜，垂衣裳而天下治”。我国古时候，男人上衣下裳，女人就只穿长袍或裙子。当然，裙里面也不是光溜溜的两条腿。裙里面所谓的裤称作“胫衣”，只是用来遮住两条小腿。当然，古代女子只穿裙子，主要还是和我国封建社会的文化传统有关。

倒是南北朝时期的胡女，穿着到臀部的短褶，腰间束带，下身是裤口很宽的大口裤，显得十分精神。胡服热潮席卷唐初风尚，不少女子穿翻领长袍，束带，穿紧口裤和皮靴。

旗袍最初出现于什么时候

大家在很多有关清代的古装影视剧中看到，满族人把自己称作是旗人，而这很容易让大家联想到旗袍。难道旗袍就是旗人的衣服，它是满族人创造的吗？

其实，“旗袍”的形成是在民国时期，而它也的确是由满族女子所穿长袍演变来的。由于满族人又称为“旗人”，故将满族女子所穿的长袍称为“旗袍”。在清代，女式服饰可谓是汉满并存。清初，满族女子以长袍为主，而汉族女子仍以上衣下裙为时尚。清中期，汉满各有仿效。到了清代后期，满族效仿汉族的风气日盛，甚至出现了“大半旗装改汉装，宫袍截作短衣裳”的情况，而汉族仿效满族服饰的风气，也于此时在一些达官贵妇中流行起来。

到了20世纪20年代，受西方服饰影响，经改进之后的旗袍逐渐在广大妇女中流行起来。这种旗袍是汉族人在吸收西洋服装样式后，并通过不断汉化和改进，才进入千家万户的。

石榴裙的由来

在今天的社会中，人们常常把男子对女子的爱慕或崇拜笑称为“拜倒在石榴裙下”。可是，人们为什么会这样说呢？它有什么特殊的来历呢？其实，这句话的来历与唐朝的杨贵妃有关。

传说杨贵妃非常喜爱石榴花，并喜欢穿着绣满石榴花的彩裙。唐玄宗投其所好，在华清池西绣岭、王母祠等地广栽石榴树。每当石榴花竞放之际，唐玄宗便会设酒宴于“炽红火热”的石榴树下。后来，由于唐玄宗过分宠爱杨贵妃，不理朝政，大臣们不敢指责唐玄宗，便迁怒于杨贵妃，对她拒不施礼。杨贵妃对此很是无奈。

一天，唐玄宗设宴召群臣共饮，并邀杨贵妃献舞助兴。可是，杨贵妃端起酒杯送到唐玄宗嘴边时，向他耳语道："这些臣子大多对臣妾侧目而视，不行礼、不恭敬，我不愿为他们献舞。"唐玄宗闻之，感到宠妃受了委屈，便立即下令要求所有文官武将，见了杨贵妃一律行礼，拒不跪拜者，以欺君之罪严惩。

众臣无奈，凡见到杨贵妃身着石榴裙走来，无不纷纷下跪行礼。于是，"拜倒在石榴裙下"的典故便流传下来，成了用于形容男子爱慕或崇拜女子的一句俗语。

"唐装"的服饰特点

现在的很多人都认为唐装就是我国唐代男子所穿的服饰样式。其实，这一个认识是错误的，现在的"唐装"并不是唐代男子所穿的服装样式。

在唐代，"幞头纱帽"和圆领袍衫才是男子最主要的服饰。"幞头"是一种包头用的黑色布帛。传统的冠冕衣裳，也就是人们所说的正装，只有在隆重的场合才穿，如祭祖的时候。在唐初至开元年间这一百多年的时间里，袍服的用途非常广泛，上至帝王，下至百官，礼见宴会均可穿着，甚至将其用作朝服。

现在人们所称的"唐装"，其实只是清末的中式服装。由此可见，现在的"唐装"并不是唐代男子所穿的服装样式。

唐代与众不同的审美观——以胖为美

当今社会，瘦身好像成了几乎所有女子追求美的一种首选方式。为了拥有所谓的骨感美，有的女孩甚至不惜以自己的生命为代价。然而，在中国古代，尤其是唐朝时期的女子，却以胖为美。这是为什么呢？

首先，因为唐代在中国历史上是个比较繁荣昌盛的时代，人们丰衣足食，拥有健康丰满的体格。其次，唐代的国力强盛与文化发达，使唐人充满自信，所以当时的人们追求的是体态丰满。最后，统治者的血统，也决定了唐人对健硕体魄更加欣赏。唐代开国皇帝李渊的外祖父是鲜卑族人，有着健硕的体魄。因此，唐朝历代国君均宠爱体态丰满的女性。

当时所崇尚的“丰肥浓丽”，并不单纯是指女性体态上的肥瘦。可以说，这种审美取向是一种全方位的审美理念，所体现的是一种力量型的、开放的文化视野。

唐人喜爱牡丹，而牡丹的花形正是高贵丰满；唐人塑造的骏马形象，都是膘满臀圆；唐代影响最大的颜体书法更是肥硕、庄严、浑厚。韩愈有诗道：“书贵瘦硬吾不取。”也体现了唐人的价值取向。由此可见，唐人以胖为美的审美观念也是当时社会文化的一种体现。

古代人的内衣是什么样的

在不同的时代，语言上就会有不同的特征。就像同一个物品，古今却有着不同的名称。当然，这里所说的内衣也不例外。

古代人对内衣的称呼可谓是多种多样，不同的时代有不同的叫法。在古代，对于内衣，较早的称谓是“亵衣”。其中，“亵”意为“轻薄、不庄重”，这也体现了中国人的思想自古就比较含蓄。

汉朝人把内衣叫“抱腹”“心衣”。两者的共同点是背部袒露无后片。魏晋时期，人们把内衣叫“两当”。“两当”与“抱腹”“心衣”的区别在于它有后片，“两当”最初是北方游牧民族的服饰，后来才传入中原。

唐代以前的内衣肩部都缀有带子，但在唐代，则出现了一种无带的内衣，称为“诃子”。宋代人把内衣叫“抹胸”。“抹胸”穿着后上可覆乳，下可遮肚，整个胸腹全被掩住，因而又称为“抹肚”。元代，内衣叫“合欢襟”；明代叫“主腰”；清代则叫“肚兜”。

一件小小的内衣就有这么多的名称，可见我国的民俗文化是相当丰富多彩的。

古代人的袜子怎么穿

根据考证，中国人在夏朝时就开始穿袜子了。两周时期，袜子是用熟皮和布帛做的，富贵人家可穿丝质的袜子。袜高一般长约一尺余，上端有带，穿时用带束紧上口。其色多白，但祭祀时所穿的袜子则为红色。讲究的人家多用绢纱做袜子，并在上面绣上花纹。秦汉时，就有进门脱鞋袜的习俗。

由此可见，我国缝制袜子的工艺至少已有两千年以上的历史，比欧洲国家要早得多。

“三寸金莲”是怎么由来的

讲到“三寸金莲”，人们不禁要问，妇女因缠裹而形成的小脚为什么会被称为“金莲”？“金莲”与小脚是怎样联系起来的？长期以来，虽然人们对这个问题倍感兴趣，但却没有得出一个令人满意的答案。

对此，有学者认为，小脚之所以称为“金莲”，应该从佛教文化中的莲花方面加以考察。莲花出淤泥而不染，被视为清净高洁的象征。佛教传入中国后，莲花作为一种美好、高洁、珍贵、吉祥的象征也随之传入中国，并为中国百姓所接受。在中国人的吉祥图案中，莲花占有相当的地位也说明了这一点。因此，以莲花来称妇女小脚当属一种美称。

为什么要在“莲”前加一个“金”字呢？这其实是出于中国人传统的语言习惯。中国人喜欢以“金”修饰贵重或美好事物，如“金口”“金銮殿”等。在以小脚为美的封建社会中，“莲”字旁加一“金”字而成为“金莲”，当也属一种表示珍贵的美称。

古代女子婚礼的嫁衣是怎样的

古代婚礼，对于女子出嫁所要做的准备，光是从其嫁衣上便可以见其复杂程度。

新娘服饰，以江苏吴县一带最为讲究。按当地俗规，凡新婚女子必须有三套服装在举行婚礼时和婚礼后穿戴。第一套：棉裤，俗称“贴肉棉袄夹裤”，是男方迎亲时送给新娘穿的。第二套：头上戴珠冠，粉红色绣凤穿牡丹等花纹的花衣、花裙，是与花轿一起租来的，并且，这一套仅在花轿上和举行婚礼仪式中穿戴。第三套：土布衣，靛青色土布包头巾，靛青色土布夹衫、蓝底白花印花土布裤，靛青色土布长襦裙，裹小腿的桃红色印花土布卷绑，蓝印花土布袜，绣花板趾头鞋，这一套在婚后劳动时穿戴。

在浙江富阳一带，当花轿抬到女家，放在簸箕上面时，新娘才开始化妆换衣，换好小衫裤后，要立在蒸桶上面穿红棉袄和红棉裤。有趣的是头上戴好凤冠，准备穿大红裙时，要拿12个鸡蛋从裤腰里放下去，并从裤脚下滚出来，相传这样可使新娘婚后不论哪个月生孩子都能又快又顺利。

陕北一带旧俗中，新娘子的打扮很是有趣。准备上轿的新娘，穿上红衣、绿裤、花鞋，并在头上戴鲜花，可是俗规要用锅黑把新娘漂亮的脸蛋涂得黑漆漆的，与鲜艳、漂亮的服装形成了巨大的反差。传说，假若不这样做，新娘在迎娶途中会被鬼怪截去。

由此可见，古代女子的嫁衣具有浓厚的地域色彩，同时也体现出了我国不同的地域文化之间的差异。

女子婚否如何从装束上分辨

在古代，从一个女子的装束就可以看出她是未婚还是已婚。下面就来介绍一下古代已婚和未婚的女子装束。

在古代，女子满14岁要行及笄之礼，然后通过发式的改变来标示一个成熟阶段的到来。古人认为女子到14岁的时候会来月经，从这时起女孩儿就不再留刘海儿发型，而要把头发盘起来，也就是“发髻”。媒婆一看就知道可以给这个姑娘提亲了。

由此可见，当看到一女子头发盘起，而且还插了簪子，这就说明她已经为他人妇。

古代耳环是怎样的

耳坠是女子耳饰中不可缺少的一部分，随着时代的进步，耳坠的种类也越来越多。

在北京周口店的中国猿人遗址，就已经发现有用石头、兽牙或贝壳制成的耳饰。在古代，人们把耳饰叫做“珥”“瑱”“珰”。在出土的汉代文物中，有不少用石、玉、水晶、玛瑙制成的耳饰。由此可见，古人戴耳饰有着悠久的历史。

相传古代有一位姑娘因为眼病导致了双目失明。后来，一位周游各地的医生用闪闪发光的银针在她两侧耳垂中各刺一银针后，奇迹出现了，姑娘重见光明。姑娘非常感激，便请银匠制作了一对耳环戴在耳上，以示永不忘记那位医生的恩德。

当姑娘戴上银耳环后，不但眼睛好了，而且愈发漂亮了。这件事情传开以后，很多姑娘和妇女都纷纷效仿，而女子戴耳坠的习俗便由此流传开来。

古代和尚是怎么穿衣打扮的

“袈裟”一词，来自梵语，汉译为坏色、秽色、赤色等，指缠缚于僧众身上的法衣，又称作袈裟野、迦罗沙曳、迦沙、加沙。袈裟是僧人最重要的服装。

“袈裟”的制作方法，是先把布料剪成一些碎块后，再缝合起来。因此，也可以把“袈裟”叫做“杂碎衣”或“割截衣”。又根据《四分律》第四十和《四分律删补随机羯磨疏》可知，“袈裟”是由阿难尊者奉佛指点，模拟水田的阡陌形状缝制而成。

第12章　古代文学

古代文学的发展经历了先秦两汉、魏晋南北朝、隋唐五代、宋代、辽金元、明代、清代这七个历史阶段，主要以汉民族文学为主。在古代文学中，包括了诗歌、散文、戏曲、小说等，充分显示了中国历史与文化的博大精深。

《山海经》的内容大致是什么

《山海经》是先秦古籍，是一部富于神话传说的最古老的地理书。它主要记述古代地理、物产、神话、巫术、宗教等，也包括古史、医药、民俗、民族等方面的内容。除此之外，《山海经》还以流水账方式记载了一些奇怪的事件，对这些事件至今仍然存在较大的争论。《山海经》内容包括“山经”和“海经”，总共十八卷。在《山海经》中较有神话故事色彩的，则要算“海外四经”中所记载的三则鱼故事。

一是龙鱼的传说，书中说，沃野北面有一种龙鱼，能生活在水中，也能栖息在丘陵上。龙鱼样子像鲤鱼，但长着一只角。由于龙鱼水陆两栖，样子奇特，于是有神人乘上龙鱼去遨游九州。据传，古代黄帝就骑着龙鱼上天去见西王母。龙鱼的故事实为后来鱼龙之变和鲤鱼跳龙门故事的雏形。

二是人鱼。“海内北经”中记载大海中有一种鲮鱼，长着一副人的面孔，有手有足，鱼的身子，其实就是人鱼。这是后人广为传播的东海美人鱼故事的原生形态。

三是鱼妇。是说海上有一种鱼，半边身子呈枯萎状，一半是人的形状，一半是鱼的形状，名为鱼妇。鱼妇是颛顼死后复苏变化而成。颛顼是少昊之子，在他死去的时候，刚巧大风从北面吹来，海水被风吹得奔流而出，蛇变成了鱼。已经死去的颛顼便趁着蛇即将变成鱼而未定型的时候，托体到鱼的躯体中，因此死而复生。后来人们就把这种和颛顼结合在一起的鱼叫作鱼妇。

《礼记》为儒家经典

《礼记》是战国至秦汉间讲礼文章的选集，是儒家经典之一。《礼记》是西汉武宣时代礼学家戴圣编定的四十九篇本，是先秦儒家学术论文汇编，非一人一时所著。它包含了从孔子直到孟、荀各家各派的论著，其中皆为孔子七十子后学所记，内容相当庞杂。经过学者们长期研究，较普遍地认为这些篇章大多数写就于春秋战国时代，文中反映的基本内容多系先秦古制，其中录有一些孔子言论或其弟子对孔子思想的发挥，即使有个别篇章是秦汉儒生所撰，其基本内容也都是对先秦古制的追记。

《礼记》的内容主要是记载和论述先秦的礼制、礼仪，解释仪礼，记录孔子和弟子等的问答，记述修身做人的准则。实际上，这部九万字左右的著作内容广博，门类杂多，涉及政治、法律、道德、哲学、历史、祭祀、文艺、日常生活、历法、地理等诸多方面，包罗万象，集中体现了先秦儒家的政治、哲学和伦理思想，是研究先秦社会的重要资料。

《论语》——儒家学派的经典著作之一

《论语》是我国最早的语录体散文，也是儒家学派的经典著作之一，由孔子的弟子及其再传弟子编撰而成。它以语录体和对话文体为主，记录了孔子及其弟子言行，集中体现了孔子的政治主张、伦理思想、道德观念及教育原则等。《论语》的语言简洁精炼，含义深刻。

众所周知，《论语》的核心思想是“仁”，是孔子及其弟子言行的整理。书中一方面倡导爱人、匹夫不可夺志，提倡独立的人格精神；另一方面又要求以仁为己任，见利思义，见义勇为，把社会责任放在第一位，提出了一种把个人人格与社会责任、社会义务相统一的人生观。它融政治、道德与教育于一体，这些思想对中国教育和文化的发展有深远影响。在人我关系上，它提出“己所不欲，勿施于人”“己欲立而立人，己欲达而达人”，赞成推己及人的原则。它还特别强调“为仁由己”，提倡启发每个人的自觉道德精神，提出了不少重要的修养方法，并且论证了道德思想与礼仪规范的关系，要求人们仁礼兼备、文质彬彬。

由于《论语》是语录体著作，它通过人物的对话而将道理说明，许多句子里都闪烁着智慧的光辉，耐人寻味，诸如“三人行，必有我师焉”“择其善者而从之，其不善者而改之”等等都成为如今的至理名言。

“春秋三传”分别指什么

“春秋三传”是指《公羊传》《谷梁传》《左传》这三部作品。

《公羊传》是专门解释《春秋》的一部典籍，其起迄年代与《春秋》一致，即公元前722年至前481年。其释史十分简略，又叫做《春秋公羊传》《公羊春秋》，它着重阐释《春秋》所谓的“微言大义”，用问答的方式解经。

《谷梁传》是《谷梁春秋》的简称，它是一部对《春秋》的注解，是儒家经典之一。其作者相传是子夏的弟子，战国时鲁人谷梁赤。起初也为口头传授，至西汉时才成书。文体是以语录体和对话文体为主，研究的是儒家思想从战国时期到汉朝时期的演变。

《左传》是《春秋左氏传》简称，是我国现存最早的、第一部较为完备的编年体史书。相传是春秋末年左丘明为解释孔子的《春秋》而作，也是儒家重要经典之一。它以《春秋》为本，通过记述春秋时期的具体史实来说明《春秋》的纲目。

《左传》——现存最早的较为完备的编年体史书

《左传》原名为《左氏春秋》，汉代改称《春秋左氏传》，简称《左传》，它是我国现存最早的较为完备的编年体史书。相传是春秋末年左丘明为解释孔子的《春秋》而作，它起自鲁隐公元年，迄于鲁哀公二十七年，以《春秋》为本，通过记述春秋时期的具体史实来说明《春秋》的纲目，是儒家重要经典之一。西汉时称之为《左氏春秋》，东汉以后改称为《春秋左氏传》，简称《左传》，是我国古代记述春秋时期周王与各诸侯国事迹的编年体史书。《左传》不仅记事详备可靠，是研究春秋历史的最重要的典籍，而且文笔精练，描写生动，在文学史上也有极高的价值。然而这样一部史学和文学的名著，其作者究竟是谁，历来众说纷纭，莫衷一是。

《左传》的作者是谁，至今都是未解之谜。西汉史学家司马迁、班固等人都认为《左传》是左丘明所写。《左传》最初的传诵出于左丘明，他是一个双目失明、博闻强记的瞽史，后来其书又经过传习者的补充修订。有一些人认为，《左传》系孔子的弟子子夏所著。然而至今，没有什么确凿之证据表明《左传》确为某人所作，从传统之说，以左丘明为《左传》作者。

《汉书》——第一部纪传体断代史

《汉书》是我国第一部纪传体断代史，作者是东汉文学家、史学家班固。

《汉书》，又称《前汉书》，它开创了中国断代纪传表志体史书，奠定了历朝历代撰修正史的编例，是继《史记》之后中国古代又一部重要的史书，它与《史记》《后汉书》《三国志》并称为“前四史”。全书主要记述了上起西汉的汉高祖元年（公元前206年），下至新朝的王莽地皇四年（公元23年），共230年的史事。全书包括纪十二篇，表八篇，志十篇，传七十篇，共一百篇。后人划分为一百二十卷，共八十万字。《汉书》以十志为主干，展开多种专史的撰述，为古代学术开辟了新领域。它还第一次创立了《古今人表》，专门收录从传说时代的太昊到秦朝的吴广等人物，区分为九等并加以评价。它还创立了《百官公卿表》（属《汉书》首创），它为封建政权提供了组织章程，且开了正史记述职官制度之先河。

《资治通鉴》——中国第一部编年体史书

《春秋》虽是中国第一部编年体史书，但它只记载了春秋时鲁国自隐公元年到哀公十四年或十六年间，即公元前722年到公元前481年（或公元前479年）的历史大事。所以，《资治通鉴》才是我国第一部编年体通史。

《资治通鉴》简称《通鉴》，是我国第一部编年体通史，是我国古代著名历史学家司马光和他的助手刘攽、刘恕、范祖禹、司马康等人编纂的一部规模空前的编年体通史巨著。

《资治通鉴》的内容以政治、军事和民族关系为主，兼及经济、文化和历史人物评价，目的是通过对事关国家盛衰、民族兴亡的统治阶级政策的描述，以警示后人。

《资治通鉴》书名的由来，就是宋神宗认为该书“鉴于往事，有资于治道”，而钦赐此名的。由此可见，《资治通鉴》的得名，既是史家治史以资政自觉意识增强的表现，也是封建帝王利用史学为政治服务自觉意识增强的表现。

《史记》——“史家之绝唱，无韵之离骚”

“史家之绝唱，无韵之离骚”是鲁迅先生对《史记》的赞誉。《史记》

最初没有固定书名，或称“太史公书”，或称“太史公记”，也省称“太史公”。“史记”本来是古代史书的通称，从三国时期开始，“史记”由史书的通称逐渐成为“太史公书”的专称。

《史记》是我国西汉著名史学家司马迁撰写的一部纪传体史书。《史记》是一部纪传体通史，全书共一百三十篇，有十二本纪、十表、八书、三十世家、七十列传，五十二万六千五百一十五字。其中的本纪和列传是主体。“本纪”是全书的提纲，按年月时间记述帝王的言行政绩。“表”用表格来简列世系、人物和史事。“书”则记述制度发展，涉及礼乐制度、天文兵律、社会经济、河渠地理等诸方面内容。“世家”记述子孙世袭的王侯封国史迹和特别重要的人物事迹。“列传”是帝王诸侯外其他各方面代表人物的生平事迹和少数民族的传记。书中记载了上自上古传说中的黄帝时代，下至汉武帝元狩元年间共三千多年的历史。

元杂剧四大爱情悲剧分别是什么

王实甫的《西厢记》、关汉卿的《拜月亭》、白朴的《墙头马上》、郑光祖的《倩女离魂》，合称为元杂剧的四大爱情剧。

《西厢记》全名《崔莺莺待月西厢记》，写相府小姐崔莺莺在普救寺遇书生张生，二人一见倾心。适遇孙飞虎兵围普救寺，崔母声言能解兵围者即以莺莺许之。张生仗义相救，计退贼军。事后崔母嫌张生出身寒苦，弃约赖婚。在侍女红娘的热情帮助下，张生和莺莺私下结合。在既成事实面前，崔母虽无可奈何，却又强迫张生上京应试。

《拜月亭》写王瑞兰和蒋世隆于患难中相遇，由相识而定婚。瑞兰父强行拆散了这对新婚三月的夫妻。瑞兰回家后，私下怨父思夫，但却有口难言，只有在夜晚独自对月祷告，一愿父改意，二愿夫平安。作品歌颂了青年人忠贞的爱情，对封建礼教和封建势力进行了批判。《拜月亭》全名《闺怨佳人拜月亭》，有《元刻古今杂剧三十种》本、《元人杂剧全集》本。

《墙头马上》写总管李世隆之女李千金与尚书裴行俭之子裴少俊相爱的故事。二人私自结合、生子，在后花园匿居七年。后被裴父裴尚书发觉，被迫离散。后裴少俊赴考得官，裴父向李赔礼，裴、李终于团圆。

《倩女离魂》写少女张倩女、书生王文举本“指腹为婚”。其后张母反悔，被迫以兄妹关系分离，但倩女依然爱恋文举，相思成疾，魂离肉体，随同文举一起上京赶考，而肉体仍在家卧病不起。及文举得官，和她一起归来，倩女魂与肉体合一，病亦痊愈，构成喜剧结局。

《西厢记》——尊为“春秋”

元末明初，《西厢记》已被誉为“天下夺魁”，而且被尊为“春秋”，称“关氏春秋”或“崔氏春秋”。至于为什么叫“春秋”，说法纷纭。其实意思很明白，无非是想把戏曲“小道”和正统经书并列。孔子作的《春秋》汉代就被列为“五经”之一。现在《西厢》居然也称“春秋”，不但是抬高身价，也含有反封建正统之意。明清戏曲家对《西厢》推崇备至。

王世贞说：“北曲固当以《西厢》压卷。”（《曲藻》）王骥德说：“实甫《西厢》，千古绝技。”（《曲律》）张琦说：“今丽曲之最胜者，以王实甫《西厢记》压卷。”（《衡曲麈谈》）清代李渔说王实甫“才人如天”（《闲情偶寄》）。至金圣叹那就更加赞到极端，说作者是“天地现身”（《金批第六才子书》）。还有许多剧作在不同程度上受《西厢记》的影响，元剧如郑德辉的《梅香》《倩女离魂》，李好古的《张羽煮海》，白仁甫的《东墙记》，明人刘兑的《娇红记》杂剧，孟称舜的《娇红记》传奇等。明初周宪王有《金环记》，据《剧品》的作者祁彪佳说：“刻意拟西厢”，“便不及西厢远矣”。足见《西厢记》对戏剧创作影响之深。

《儒林外史》——现代讽刺文学的先河

《儒林外史》是由清代吴敬梓创作的长篇小说（也称章回小说）。全书共五十六回（也有人认为最后一回非吴所作），约四十万字，描写了近二百个人物。小说假托明代，实际描写了康乾时期科举制度下读书人的功名和生活。作者在书中虽然批判了黑暗的现实，却把理想寄托在“品学兼优”的士大夫身上，宣扬古礼古乐，看不到改变儒林和社会的真正出路。全书由许多个生动的故事连起来，这些故事都是以真人真事为原型塑造的。《儒林外史》不仅直接影响了近代谴责小说，而且对现代讽刺文学也有深刻的启发。

四大类书分别指什么

中国古代四大类书是指《太平御览》《文苑英华》《全唐文》《册府元龟》这四部著作。

《太平御览》原名《太平类编》，旋因赵光义欲每天阅读此部书，故易名为《太平御览》。全书分为天、时序、地、皇王、偏霸、皇亲、卅郡、居处、封建等55部，部下分目。每个子目下的资料，都辑录自北齐《修文殿御览》唐《艺文类聚》《文思博要》等类书。

《文苑英华》于南宋孝宗时经周必大、胡柯、彭叔夏校订后刊行，今存者即此校定本。《文苑英华》是大型诗文总集，收录上自南朝梁代，下至五代。作者近2200人，作品近 2万篇，其中唐人作品占十分之九。

《全唐文》是有唐一代（包括五代）文章的总集，也是迄今唯一最大的唐文总集。它汇集了唐朝及五代的文章，为学者查阅使用这些资料提供了方便。但该书在编纂、考订上还有不少缺点，包括文章漏收、误收、重出、作者弄错、题目和正文的讹脱、小传记事不确、采用的书不注出处等等。

《册府元龟》全书取材以正史为主，间及经书、子书，小说、杂书一律不收；类目以人物、事类为中心，不及其余；专收上古一五代的君臣事迹，尤重唐、五代。全书分帝王、将帅、学校、刑法等31部。每部前有“总序”，门前有“小序”，属概述性质，对于了解有关内容有所帮助。

四大名著

《西游记》《红楼梦》《水浒传》《三国演义》这四部作品被称为我国的四大名著。

《西游记》描写的是孙悟空、猪八戒、沙和尚保护唐僧西天取经、历经九九八十一难的传奇历险故事。作者通过故事对明朝中期社会经济虽繁荣，但政治日渐败坏，百姓生活困苦等不合理的现象提出批评。

《红楼梦》是章回体长篇小说，它原名为《石头记》《情僧录》《风月宝鉴》《金陵十二钗》等，作者是曹雪芹，续作是由高鹗完成。全书是以贾、史、王、薛四大家族为背景，故事情节由主次两条矛盾线索构成。

《水浒传》又名《忠义水浒传》，一般简称《水浒》，作于元末明初，是中国历史上第一部用白话文写成的章回小说。《水浒传》取材于北宋末年宋江起义的故事，全书的艺术成就突出地表现在对英雄人物的塑造上。

《三国演义》全名《三国志通俗演义》，作者罗贯中。整部小说描写了东汉末年和整个三国时代以及西晋初期以曹操、刘备、孙权为首的魏、蜀、吴三个政治、军事集团之间的矛盾和斗争。

《三国演义》——演义小说的开山之作

章回小说是我国古代长篇小说主要的、甚至是唯一的体裁。而《三国演义》正是我国第一部长篇章回小说，也是历史演义小说的开山之作。

《三国演义》描写的是从东汉末年到西晋初年之间近一百年的历史风云，全书反映了三国时代的政治军事斗争，反映了三国时代各类社会矛盾的渗透与转化，概括了这一时代的历史巨变，塑造了一批叱咤风云的英雄人物。同时，它也描写了大大小小的战争，构思宏伟、手法多样，使我们对古代文化有了很多了解。其中对官渡之战、赤壁之战等战争的描写波澜起伏、跌宕跳跃，读来惊心动魄、荡气回肠、感人肺腑。书中宣扬的多是忠、孝、节、义，而描写义的内容最多，例如其中“桃园三结义”“义释曹操”等都是“义”的经典代表。

《永乐大典》——中国最著名的一部大型古代典籍

《永乐大典》是一部类书，它编纂于明朝永乐年间，历时六年（公元1403~1408年）编修完成。它保存了14世纪以前中国历史地理、文学艺术、哲学宗教和其他百科文献，与法国狄德罗编纂的百科全书以及英国的《大英百科全书》相比，都要早300多年，堪称世界文化遗产的珍品，也是中国最著名的一部大型古代典籍。

《永乐大典》共计有22937卷、目录60卷，分装成11095册，全书字数约3亿7千万字。《永乐大典》的规模远远超过了前代编纂的所有类书。即使是清代编纂的规模最大的类书《古今图书集成》也只有1万卷、1亿6千万字，不到《永乐大典》的一半。《永乐大典》的规模更是西方同时代的典籍所望尘莫及的。

据粗略统计，《永乐大典》采择和保存的古代典籍有七八千种之多，数量是前代《艺文类聚》《太平御览》《册府元龟》等书的五六倍，就是清代编纂的大型丛书《四库全书》，收书也不过三千多种。

《四库全书》和《永乐大典》有何联系

乾隆三十七年（公元1772年）十一月，安徽学政朱筠提出《永乐大典》的辑佚问题，得到乾隆皇帝的认可，接着便诏令将所辑佚书与“各省所采及武英殿所有官刻诸书”，汇编在一起，名曰《四库全书》。这样，由《永乐大典》的辑佚便引出了编纂《四库全书》的浩大工程，成为编纂《四库全书》的直接原因。

提起《永乐大典》，自清入关以来，并未有人见过这部整套的巨书。康熙曾多方寻找，始终未获。这一次为编纂《四库全书》，乾隆下了大决心找它，任用纪晓岚作为总纂，当然是更希望早日能够得到了。

一日，一个姓朱的翰林跟纪晓岚开玩笑说：“看来《永乐大典》大概是李自成攻占京城的时候，被他垫了马蹄子了！”

著名书法家、被称为淡墨探花的王文治，则郑重其事地向纪昀建议：“事到如今，我看你不妨斋戒三日，祈求神来指点指点，也许会有奇迹出现。”

这建议不过是王文治在开纪晓岚的玩笑。要让这位日食数斤肉的纪昀斋戒三日，那简直是一种惩罚。但没有想到，纪晓岚果然一本正经地斋戒了三日。说也奇怪，就在纪晓岚斋戒后不到两天，宫中的小太监，在内廷继续寻找的时候，爬到“敬一亭”的顶架上，终于发现了尘封三百余年的一大批《永乐大典》的抄本。

《文心雕龙》——中国古代第一部有严密体系的文学著作

《文心雕龙》是中国古代第一部有严密体系的文学著作。《文心雕龙》全书以孔子美学思想为基础，兼采道家，全面总结了齐梁以前的美学成果，细致地探索和论述了语言文学的审美本质及其创造、鉴赏的美学规律。它提出“辞约而旨丰，事近而喻远”“隐之为体义主文外”“文外之重旨”“使玩之者无穷，味之者不厌”等说法。在文学史观上，它认为文学的发展变化终归要受到时代及社会政治生活的影响。它要求作家要大胆地创新：“日新其业”“趋时必果，乘机无怯”，但又强调任何“变”或创新都离不开“通”，即继承。《文心雕龙》还论述了在创作中，主观的“情”和客观的“景”是互相影响、互相转化的，即“情以物兴”和“物以情观”“情以物迁，辞以情发”“登山则情满于山，观海则意溢于海”。它认为作家观察外物，只有带着深挚的情感，并使外物染上强烈的感情色彩，艺术表现上才会有精巧的文采。

作者刘勰，是南北朝文学理论批评家，他的主要著作《文心雕龙》是部“体大思精”“深得文理”的文学理论批评的巨著。它初步建立了文学史的观念，总结了文学创作的经验教训，建立了文学批评的方法论。

《陋室铭》

《陋室铭》写的是“陋室”，其实“陋室”不陋。作者先用新颖的、容易被人们理解的比喻写道：“山不在高，有仙则名；水不在深，有龙则灵”，以此引入正题：“斯是陋室，惟吾德馨”。这就是说，房子虽然简陋，但我的德行却是高尚的。“惟吾德馨”与结尾“孔子云：‘何陋之有？’”相呼应，点出文章的灵魂。孔子以“君子”自居，作者以“品德好”自居。诸葛亮、扬子云也都是品行高尚的人。诸葛亮身居茅屋而知天下三分；扬子云在简陋的亭子里写出了《太玄经》。在作者看来，君子连同他们居住过的“陋室”同样名闻于天下。所以，只要德行高尚，虽身居“陋室”，又“何陋之有”呢？这就是“陋室”不“陋”的深刻内涵。

《窦娥冤》——元杂剧四大悲剧之一

《窦娥冤》是关汉卿写的元杂剧，也是元杂剧四大悲剧之一。窦娥既是一个孤女、童养媳，又是寡妇、死囚。她三岁丧母，七岁被卖作童养媳，十七岁结婚，不到两年又夫死守寡。窦娥是一个本分善良的普通妇女。丈夫死后，她忍受着精神的痛苦和折磨，尽孝守节。但张驴儿父子闯进了她的生活，她坚决地拒绝了张驴儿的无理要求。面对张驴儿的诬陷和见官的威胁，她毫无惧色，并且天真地相信官府是“明如镜，清如水”的。

面对严刑拷打，她据理力争，即使“捱千般打拷，万种凌逼，一杖下，一道血，一层皮”，昏死三次，但仍不肯屈服。只是在桃杌要拷打她的婆婆时，她才含恨屈招。直到最后押赴刑场时，她才对统治阶级完全绝望了。她在临刑前发下了三桩誓愿：血溅白练、六月飞雪、楚州大旱三年。而这三桩誓愿都得到了实现。为了报仇伸冤，窦娥的鬼魂还继续进行斗争。所以说窦娥一生坎坷，却被诬陷杀死，她真的是冤啊！所以现代形容冤屈深就会比作窦娥。

“乐府双璧”具体指的是什么

“乐府双璧”即为《木兰诗》和《孔雀东南飞》的喻称。

《木兰诗》又名《木兰辞》，是北朝民歌，也是我国古典诗歌中不可多得的优秀叙事长诗之一，选自宋代郭茂倩编的《乐府诗集》，长达三百余字。

《孔雀东南飞》又名《古诗为焦仲卿妻作》，是古乐府民歌的代表作之一，也是保存下来的最早的一首长篇叙事诗。全诗一千七百多字，它通过焦仲卿、刘兰芝的婚姻悲剧，有力地揭露了封建礼教、封建家长制的罪恶，同时热烈歌颂了兰芝夫妇为了忠于爱情宁死不屈地反抗封建恶势力的斗争精神。

“三言二拍”分别指什么

“三言二拍”是明代五本著名传奇短篇小说集及拟话本集的合称。“三言”是明代冯梦龙编辑、加工的三部短篇小说集：《喻世明言》《警世通言》《醒世恒言》。因为书名都有一个“言”字，就统称“三言”。“二拍”是明代凌濛初在“三言”的直接影响下写成的两部短篇小说集：《初刻拍案惊奇》《二刻拍案惊奇》。“二拍”也是取两部书名中的“拍”字而得名。

“三言二拍”由于其中的性描写，长期被统治者列为禁书。它的语言通俗易懂，故事曲折生动，描写准确有力，是思想性和艺术性的完美结合，在古今中外备受瞩目。

通假字和假借字

假借，简单说来就是同音替代。口语里的词语，没有相应的文字对应，于是就找一个和它发音相同的字来表示其含义。例如“自”本来是“鼻”的象形字，后来借作“自己”的“自”。

古人分析汉字形体的构造而归纳出来的六种条例，即六书，有象形、指事、会意、形声、转注、假借。其中前四种是造字方法，后两种是用字方法。因为假借没有造出新字，所以它的形体构造不能超出象形、指事、会意、形声四种形体构造的范围。

而汉字通假是指古代书面语中用音同音近的字代替本字的用字现象。

通假字是本字音同音近的替代字，通假义是指与字形所表示的意义无关的被通假作他字的意义。通假与假借有相同点，也有不同点。通假与假借相同的是，都属音同音近借用，都把汉字作为记音符号。通假与假借不同的是，假借是借用一个音同音近的字来书写未造字词，特点是“本无其字”。通假则是已有本字却用另一个音同音近的字来代替，特点是“本有其字”。另外，假借字对所借字形往往是长期的甚至永久的占用。通假则是暂时的、偶尔的替代，字词关系确定后，一般就不再用通假。

千古绝唱——《长恨歌》

这是一首具有浪漫的传奇色彩和浓郁的抒情气氛的长篇叙事诗，是白居易感伤诗的代表作，向来与《琵琶行》双璧争辉。全篇的中心是歌“长恨”，但作者却从“重色”说起，并极力铺写和渲染。在马嵬兵变、贵妃殒命之后，作者着力描写了唐玄宗对杨贵妃的刻骨思念，还匠心独运地构思了一个道士招魂、杨妃托物寄词的情节，表达了天上人间坚如金钿的忠贞爱情，点明了“长恨”的主题。抒情成分很浓，叙事、写景、抒情很巧妙地结合在一起，描述了一个动人的爱情故事及它的悲剧结局。诗人将爱情故事写得缠绵悱恻、婉转动人，具有极大的感染力。全诗荡气回肠、情节曲折，散发着浪漫主义的光彩，不愧为千古绝唱。

“醉翁之意不在酒”——《醉翁亭记》

《醉翁亭记》作于宋仁宗庆历六年（1046年），当时欧阳修正任滁州太守。欧阳修是从庆历五年被贬官到滁州来的，被贬前曾任太常丞知谏院、右正言知制诰、河北都转运按察使等职。被贬官的原因是由于他一向支持韩琦、范仲淹、富弼等人参与推行的北宋革新运动，反对保守的吕夷简、夏竦之流。韩、范诸人早在庆历五年一月之前就已经被先后贬官，到这年的八月，欧阳修又遭牵连落职，贬放滁州。

欧阳修在滁州实行宽简政治，发展生产，使当地人过上了一种和平安定的生活。滁州年丰物阜，而且又有一片令人陶醉的山水，这令欧阳修感到无比快慰。但是当时整个北宋王朝却是政治昏暗，奸邪当道。一些有志改革图强的人纷纷受到打击，欧阳修只能眼睁睁地看着国家的积弊不能消除，景象日益衰亡，这使他倍感忧虑和痛苦。这正是他写作《醉翁亭记》时的心情。这两方面是糅合在一起、表现在他的作品里的。

第13章 古代天文

中国是世界上天文学起步最早、发展最快的国家之一，天文学也是我国古代最发达的四门自然科学之一。在中国历史上，天文学方面屡有革新的优良历法、令人惊羡的发明创造、卓有见识的宇宙观等，在世界天文学发展史上，无不占据重要的地位。

《甘石星经》——世界天文史上最早的记录

中国人很早就注意观察天象，古书上关于夏朝时流星雨和日食的记载，就是世界天文史上最早的记录。

战国时期还出现了天文学专著，如齐国的天文学家甘德著的《天文星占》，魏国人石申著的《天文》，后人将这两部著作合为一部，称作《甘石星经》。这是我国、也是世界上现存最早的一部天文学著作。

《甘石星经》记录了水、木、金、火、土五大行星的运行情况，以及它们的出没规律。书中还测定了121颗恒星的方位，记录了800颗恒星的名字。这是我国、也是世界上最早的恒星表，比希腊天文学家伊巴谷测编的欧洲第一个恒星表大约早200年。

甘德还用肉眼发现了木星的卫星，比意大利天文学家伽利略在1609年用天文望远镜发现该星早2000多年。石申则发现日食、月食是天体相互掩盖的现象，这在当时也是难能可贵的。为了纪念石申，月球上有一座环形山就是用他的名字命名的。

后世许多天文学家在测量日、月、行星的位置和运动时，都要用到《甘石星经》中的数据。因此，《甘石星经》在我国和世界天文学史上都占有重要地位。

《黄历》是一本什么样的书籍

黄历，民间俗称为通书，相传是由黄帝创制的，因此得名《黄历》。其内容是用来指导农民耕种时机的，故又称为农民历。《黄历》是在中国农历基础上产生出来的，带有许多表示当天吉凶的一种历法。《黄历》的主要内容为二十四节气的日期表，每天的吉凶宜忌、生肖运程等。

早在秦汉时期，中国就已经有了比较完善的历法书籍。大约从宋朝开始，民间开始流通官印黄历，其主要反映的是“冲煞忌宜”的术数内容。元泰定五年（1328年），官印《黄历》高达三百多万本。

《黄历》所记述的术数内容常被批评为是迷信，因此在太平天国时期，信奉基督教的太平天国颁行的《黄历》就删去所有禁忌，只注明节气与礼拜天；清宣统年间颁布的《黄历》，也禁止刊载宜忌、冲煞、方位、流年、太岁；台湾日治时期的《黄历》，也只有“宜”而无“忌”；台湾光复后，又全都恢复了。

万年历——我国古代传说中最古老的一部太阳历

万年历我国古代传说中最古老的一部太阳历。为纪念历法编撰者的万年功绩，便将这部历法命名为“万年历”。关于万年历的来历，还有一个传说故事。

相传，在很久以前，有个名叫万年的青年，看到当时节令很乱，就想把节令定准。一天，他上山砍柴，坐在树阴下休息，树影的移动启发了他，他设计了一个测日影计天时的晷仪。可是，天阴雨雾，影响测量。后来，山崖上的滴泉引起了他的兴趣，他又动手做了一个五层漏壶。天长日久，他发现每隔三百六十多天，天时的长短就会重复一遍。当时的国君名叫祖乙，天气风云的不测，使他很苦恼。一个名叫阿衡的大臣，为了讨好国君，奏称要设天台敬祭天神。祖乙认为有理，便带领百官去祭天，却无济于事。万年知道后，忍不住就带着日晷和漏壶去见国君，对祖乙讲清了日月运行的道理。祖乙听后龙颜大悦，感到很有道理。于是把万年留下，在天坛前修建日月阁，筑起日晷台和漏壶亭，并派了十二个童子服侍万年。祖乙对万年说："希望你能测准日月规律，推算出准确的晨夕时间，创建历法，为天下的黎民百姓造福。"

有一次，祖乙传旨要阿衡去了解万年测试历法的进展情况。当他登上日月坛时，看见天坛边的石壁上刻着：日出日落三百六周而复始从头来。草木枯荣分四时，一岁月有十二圆。阿衡见此，知道万年的历法已研究成功，心中忐忑不安。他万分惧怕万年因创建历法而得宠，国君会怪罪自己提出祭祀天神的主意。于是，他阴谋策划，派了一个刺客去除掉万年。刺客攀上日月阁，见万年正在阁上观察星斗，便张弓搭箭，准备射死他。谁知，刺客被卫士发现，被当场缉拿。祖乙知道后，惩处了阿衡，亲自登上日月阁看望万年。万年指着天象，对祖乙说："现在正是十二个月满，旧岁已完，新春复始，祈请国君定个节吧。"祖乙说："春为岁首，就叫春节吧。"冬去春来，年复一年。后来，万年经过长期观察，精心推算，制定出了准确的太阳历。当他把太阳历呈奉给继任的国君时，已是满面银须。国君深为感动，为纪念万年的功绩，便将太阳历命名为"万年历"，封万年为日月寿星。以后，人们在过年时挂上寿星图，据说就是为了纪念德高望重的万年的。

而现在所使用的万年历，实际上就是记录一定时间范围内的具体阳历或阴历日期的年历，方便有需要的人查询使用，与原始历法并无直接联系。

古人常用的计时法

我们时常在古典小说和古装影视剧中看到，古人喜欢用“一炷香的工夫”来指代某个特定的时间段，那么“一炷香”究竟是多长时间呢？

实际上由于环境、风力、香的材料、香料干湿等诸多因素的影响，“一炷香”的燃烧时间并不完全相同，但一般约为一个小时。

古代除了用“一炷香”来计时，还喜欢用“一盏茶”来计时。那么，“一盏茶”又是多长时间呢？

喝一碗茶，从现代人的习惯计算过，夏天要十五分钟，冬天十分钟都用不了。古人把一昼夜分为十二个时辰，一个时辰有四刻，一刻有三盏茶。这样推算“一盏茶”约相当于现在的十分钟。

阴历与阳历分别是怎样的

阴历全称“太阴历”或“纯阴历”。阴历根据月亮圆缺变化的周期，即朔望月制定的，因古人称月亮为“太阴”，所以称为“太阴历”，简称“阴历”。阴历的主要特点是：历月的长短依据天象即月相来确定，大月30日，小月29日，历月的平均值大致与朔望月平均长度29.5306日相等。年的长短则只是历月的整数倍，而与回归年无关。因此，阴历的月份也与四季寒暑无关。阴历的日期表示着一定的月相，即初一是朔，即新月；十五、十六或十七是满月，即望；初七、初八是上弦月；二十二、二十三是下弦月等，这对古人凭借月相判断日期是很方便的。而月相的变化又是人们最容易看见的天象，因此，各国的历法大都先有阴历后有阳历。但是，由于阴历与回归年无关，因此，就与农业生产和人们的日常生活不协调，后来便逐渐被淘汰。

阳历，亦称公历、太阳历、新历、西历，也称格里高利历。它是1582

年，由罗马教皇格里高利十三世实行的历法。阳历是以地球环绕太阳一周的时间算作一年。它的长度为三百六十五天五小时四十八分四十六秒。由于它不是整数，为了把长短拉平，有的年份是三百六十六天，称为“闰年”；有的年份是三百六十五天，称为“平年”。由于这种历法是根据地球与太阳距离的位置而定，所以它的“二十四节气”是固定的：上半年的节气多在每月的6日、21日，下半年的节气多在每月的8日、23日，即使相差也不过一两天。

夏历是什么

在今天，由于夏历中提到了二十四节气，而二十四节气对农业生产有着重要的意义。很多人就认为：我们今天所说的“农历”其实就是夏历。其实这种说法是错误的。

因为二十四节气是根据太阳在黄道上的位置而决定的，隶属于太阳历的一部分内容。而农历则是一种阴阳历，平均历月等于一个朔望月，但设置闰月以使平均历年为一个回归年，设置二十四节气以反映季节的变化特征，所以又有阳历的成分。至今几乎全世界所有的华人及朝鲜、韩国和越南及早期的日本等国家，仍使用农历来推算传统节日，如春节、中秋节、端午节等节日。

二十四节气的重要意义

二十四节气是中国人祖先智慧的发现。先把二十四节气的名称按次序列下，分为四组，每组又分为前后两半。

立春，雨水，惊蛰，春分，清明，谷雨；

立夏，小满，芒种，夏至，小暑，大暑；

立秋，处暑，白露，秋分，寒露，霜降；

立冬，小雪，大雪，冬至，小寒，大寒。

这样一摆出，立刻就能看出前半四个立字后，紧跟着后半开始，又见“春夏秋冬”四个大字领头。这什么意思呢？不言而喻，这是说春夏秋冬四季从四个立为始，立起来就是开始。后半的“春夏秋冬”配上两个“分”字，两个“至”字。分是什么意思？最简单的“分”，就是“一分为二”了，这就表明，在这里把一季“一分为两半”了。那另外两个“至”字呢？容易误解为“到头了”的意思，但要弄清楚是什么到头了？不要当做是一季到头了，而是太阳向北或向南走到头了，要回头走了。确切追究这个“至”字的本义的话，“至”是极的意思。比如，我们说“至少”，就是说不能再少了，少到极点了。夏至就是说太阳向北走到极点了，要回头了，但夏季并没有完，而是刚刚到中点。冬至也是类似，太阳刚刚到极南点，开始转向北了，冬季过了一半了。

二十四节气是按太阳在天空走过的大圆的24个等分角度来定义的，不是按一年24个等分时间来定义的，所以时间间隔并不相等，按近似的天数说，有的近似15天，有的近似16天。所以一年的月怎样分才能既简明，又足够准确地表现二十四节气，使它们排列得有最简单的规律，让人容易记忆掌握，这是设计历法的重要任务。

闰月是什么

无论是古代的夏历（今天我们称之为农历或阴历），还是今天全世界通用的，被中国人称之为阳历或公历的历法中，都有闰月这回事情。那么，闰月到底是什么意思呢？

“闰”从字义上讲就是“余数”的意思，用到历法里面就是指“历法纪年和地球环绕太阳一周运行时间的差数”。

闰月，阴历以月球绕地球定历法，每年和回归年的365日5时48分46秒相差约10日21时，积以置闰，所以每三年要闰一个月，每五年闰两个月，每十九年闰七个月。这样每逢闰年所加的一个月，称为闰月。

为了调整历法年的平均长度，使其与回归年的长度相符合，有时就需要调整个别月份的长度或增加一年中的月数。这个被调整的月份或增加的月份就被称为“闰月”。

在中国传统的阴阳历中以朔月的长度29.5306日为1个月的平均值，全年12个月，同回归年的长度365.2422日相差约10日21时，需要置闰，使阴阳历各个月份和天象物候保持对应的关系。我国古六历中用3年闰1个月，5年闰2个月，19年闰7个月的闰月法，每逢闰年所加的月便称为“闰月”。

在公历中，闰月不是在一年中增加一个月，而是在某一个月增加一天，以保证历法年与回归年相一致。例如《儒略历》和现行《公历》一般年份都是365天。通常每过四年（现行公历有时相隔八年）就把二月增加一天，这一年就是366天。这年的二月就是闰月，而这一年也叫闰年。

月令是什么

月令是上古的一种文章体裁，按照一个12个月的时令，记述政府的祭祀礼仪、职务、法令、禁令，并把它们归纳在五行相生的系统中，除了现存《礼记》中有一篇《月令》之外，还有《逸周书》中的一篇《月令》，不过后者已经失传了。

“月令”的答案可以从中国古典哲学里推寻，它在四季中包含了“金、木、水、火、土五行”。它们分别是：春，木令，木旺，其中正月为阳木，二月阴木，三月属土；夏，火令，火旺，其中四月阴火，五月阳火，六月属土；秋，金令，金旺，其中七月阳金，八月阴金，九月属土；冬，水令，水旺，其中十月阴水，十一月阳水，十二月属土。

中国古代是用天干和地支来计算时间的。一年分为十二个月，在计算月的时间时，天干是变化的，而地支是不变的，正月为寅，二月为卯，三月为辰，四月为巳，五月为午，六月为未，七月为申，八月为酉，九月为戌，十月为亥，十一月为子，十二月为丑。每月的地支就叫月令，就是上面说的这些。正月月令为寅，二月为卯……依此类推。

“天狗食日”是什么现象

古代人把日全食俗称“天狗食日”，日代表天帝，皇帝是天之子。如果出现日食，就是妖孽侵犯皇帝统治的凶兆，唐朝推背图李淳风认为，发生日食是皇帝失德、奸党当道的表现，日全食一般出现在国亡君死、天下大乱、城池沦陷、疆土丢失之时。

在古人看来，日食出现很不吉利。《诗·小雅·十月之交》写道：“十月之交，朔日辛卯，日有食之，亦孔之丑。”丑者，恶也、凶也；孔者，甚也。《诗·小雅·鹿鸣》：“我有嘉宾，德音孔昭。”郑氏笺注曰：“孔，甚，昭，明也。”

由此可见，早在《诗经》的那个年代，日食就已经被人们视为极不吉利的象征了。在上天所显示的各种异象中，以日食最为严重，即所谓“夫至尊莫过乎天，天之变莫大乎日蚀”。《后汉书·五行志》注引。

所以，一旦出现日食，就意味着帝王举措失当。对此，古人有大量论述。例如，春秋时晋人伯瑕认为，日食是“不善政之谓也。国无政，不用善，则自取谪于日月之灾。”《左传·昭公七年》。

所谓不善政，当然是指执政者而言。国君是最大的执政者，所以，发生日食，当然可以认为是国君的过错所致。

古人一旦发生日食，就会有许多仪式，祈求平安和日食早点结束。在中国，每当日食发生时，民间总会以敲锣打鼓的方式祈求太阳出现。此时，朝廷也会有所行动。

"九天"指什么

1.天之中央与八方

《楚辞·离骚》："指九天以为正兮，夫唯灵脩之故也。"王逸注："九天谓中央八方也。"汉扬雄在《太玄·太玄数》中说："九天：一为中天，二为羡天，三为从天，四为更天，五为睟天，六为廓天，七为减天，八为沉天，九为成天。"

2.天空最高处

《孙子·形篇》："善攻者，动于九天之上。"梅尧臣注："九天，言高不可测。"唐李白《望庐山瀑布》诗之二："飞流直下三千尺，疑是银河落九天。"明宋濂《文原》："九天之属，其高不可窥；八柱之列，其厚不可测。"

北斗星的命名方式你知道吗

"北斗"一词的本义是指北方夜空中接近北极点的一个星组，其形状如舀水的斗勺，故名。它与位于低纬度（就赤道坐标系而言）上的"南斗"星相对应。"北斗"星的命名时代在新石器时代中晚期。在旧石器时代，人类还不会有专用的舀水器具。我们注意到斗是专用的舀水器具，与水的关系极为密切。而"五行"之"水"，正好位配北方。因此，"北斗"的命名，应当与"五行"观念和理论的出现在同一时期。

北斗的命名者，必须是中纬度（北纬30°~40°）地区的居民。因为对地近赤道的部族而言，北斗时隐时现，不能成为可靠的时间指示器。北斗的命名者，应当是农耕民族。因为北斗的斗柄能指示季节（北斗东指，天下皆春；北斗南指，天下皆夏；北斗西指，天下皆秋；北斗北指，天下皆冬）。北斗星命名的时候，可能已经出现了天子的概念。因为北斗绕北极旋转，这隐含着“帝王居中（居北极）”的概念。

魁星的传说

魁星的故事是这样的：古代有一个秀才，名字已不可考，姑且就直接叫他魁星吧。此人聪慧过人，才高八斗，过目成诵，出口成章，可就是长相奇丑无比，所以屡屡面试时落第。他长得怎样呢？据说本来就丑陋，又长了满脸麻子，一只脚还瘸了，走起路来一拐一拐的，但是他文章写得太好了，终于被乡试、会试步步录取，一次次高中榜首。到了殿试时，皇帝亲自面试他的文才，一看他的容貌和画着圈上殿的走路姿势，心中不悦，皇帝问：“你那脸是怎么搞的？”他回答：“回圣上，这是‘麻面映天象，捧摘星斗’。”皇帝觉得这人怪有趣的，又问：“那么你的瘸腿呢？”他又回答：“回圣上，这是‘一脚跳龙门，独占鳌头’。”皇帝很高兴他的机敏，又问：“那朕问你一个问题，你要如实回答：你说，如今天下谁的文章写得最好？”他想了想说：“天下文章属吾县，吾县文章属吾乡，吾乡文章属舍弟，舍弟请我改文章。”皇帝大喜，阅读完他的文章后，更是拍案叫绝：“不愧天下第一！”于是钦点他为状元。

这个丑文人的才学、智慧和发奋，使他后来升天成为魁星——北斗七星的前四颗，主管功名禄位。“魁”字拆开来，一半是“鬼”，应魁星的面目丑陋，一半是“斗”，应魁星才高八斗、也应北斗星座。据说魁星手中的朱笔批你是什么你就是什么，文人中传“任你文章高八斗，就怕朱笔不点头”就来源于此。

据说从此开始，皇宫正殿台阶正中的石板上雕有龙和鳌的图案，一只魁斗放在旁边，殿试完毕发榜时，应试者都聚到皇宫门前，进士们站在台阶下迎榜，状元则一手持魁斗，一脚站在鳌头上亮相，表示“一举夺魁，独占鳌头”。

12生肖的传说

汉族民间故事说：当年轩辕黄帝要选十二种动物担任宫廷卫士，猫托老鼠报名，老鼠给忘了，结果猫没有选上，从此与鼠结下冤家。大象也来参赛，被老鼠钻进鼻子，赶跑了，其余的动物，原本推牛为首，老鼠却窜到牛背上，猪也跟着起哄，于是老鼠排第一，猪排最后。虎和龙不服，被封为山中之王和海中之王，排在鼠和牛的后面。兔子又不服，和龙赛跑，结果排在了龙的前面。狗又不平，一气之下咬了兔子，为此被罚在了倒数第二。蛇、马、羊、猴、鸡也经过一番较量，一一排定了位置，最后形成了鼠、牛、虎、兔、龙、蛇、马、羊、猴、鸡、狗、猪的顺序。传说故事虽不是对问题的科学解释，但它却体现了人们希望对十二生肖的选择做出解释的愿望。

猫为何不在12生肖之列

你知道自己属什么吗？为什么有属老鼠的，却没有属猫的呢？这里面有个很有趣的故事。传说很久很久以前，有一天，人们说：“我们要选十二种动物作为人的生肖，一年一种动物。”可是天下的动物实在是太多了，怎么才能选出十二种来呢？于是，人们就规定了一个日子，这一天，动物们来报名，先到的十二种动物就选为十二生肖。

猫和老鼠是邻居，又是好朋友，它们都想去报名。猫说："咱们得一早起来去报名，可是我爱睡懒觉，怎么办呢？"老鼠说："别着急，你尽管睡你的大觉，我一醒来，就去叫你，咱们一块儿去，争取报道头一个和第二个。"猫听了很高兴，说："你真是我的好朋友，谢谢你了。"

到了报名的那天早晨，老鼠一早就醒来了，可是它高兴得忘乎所以了，只想着自己报名的事，把好朋友猫给忘了。结果，老鼠被选上了。猫呢？因为起床太迟了，等它赶到时，十二种动物已经被选定了。

猫因为没有被选上，就怪老鼠没有叫它，所以一直想找老鼠算账，而老鼠呢，自知理亏，所以总是躲着猫，一直到现在，老鼠见了猫还是要逃跑。

"三才"分别指什么

三才：指天、地、人。《易·说卦》："是以立天之道，日阴日阳；立地之道，日柔日刚；立人之道，日仁日义，兼三才而两之，故《易》六通而成卦。"大意是构成天、地、人的都是两种相互对立的因素，而卦，是《周易》中象征自然现象和人事变化的一系列符号，以阳爻、阴爻相配合而成，三个爻组成一个卦。"兼三才而两之"成卦，即是这个意思。

《周易》最早最明确最系统最深刻地提出了"天、地、人三才之道"的伟大学说。这个学说早就深入了中华民族之心，贯穿于中华民族的人伦日用之中，牢固地培育了中华民族天地合一、与自然和谐的精神，对天地与自然持有极其虔诚的敬爱之心。中华民族与天地和谐相处的高智慧，对于今后改进、调整、理顺、整合、协调人与天地即自然环境的平衡和谐发展的关系，以及人与社会、人心与人身的平衡和谐发展的关系（即使生态、世态、心态的三态都得到同步平衡和谐的发展），对树立和落实科学发展观、实现世界和平发展、创造人类更美好的明天，有着巨大的启迪。

“四象”分别指什么

古人把东、南、西、北四方每一方的七宿想象为四种动物形象，叫做“四象”。

“四象”（或作四相）在中国传统文化中指青龙、白虎、朱雀、玄武，分别代表东西南北四个方向。在二十八宿中，“四象”用来划分天上的星星，也称四神、四灵。春秋易传的天文阴阳学说中，是指四季的天然气象，分别称为少阳、太阳、少阴、太阴。

中国传统方位是以南方在上方，和现代以北方在上方不同，所以描述四象方位，又会说左青龙（东）、右白虎（西）、前朱雀（南）、后玄武（北）来表示，并与五行学在方位（东木西金，北水南火）上相呼应。“四象”的概念在古代的日本和朝鲜极度受重视，这些国家常以四圣、四圣兽称之。

值得注意的是，虽然近来受日本流行文化的影响，而开始习惯这种说法，但事实上中国历来对此“四象”并没有四圣的说法，一般所指的四圣乃伏羲、文王、周公和孔子等四个圣人。“四象”也指风、雨、雷、电四种自然天候气象。

文曲星主管什么

文曲星，星宿名之一。中国神话传说中，文曲星是主管文运的星宿，文章写得好而被朝廷录用为大官的人是文曲星下凡。文曲星属癸水，是北斗星，主科甲功名，文曲与文昌同属为吉星，代表有文艺方面的才能或者爱好文学及艺术。文曲星不同于文昌星的是，此星带有桃花，若女命再逢巨门同宫，自甘堕落，水性杨花。文曲星喜与文昌星同宫，可对照充分发挥其才艺，若再遇武曲星同宫，主博学多能。不过要兼顾到父母宫的好坏，配合判断。

一般民间信仰、预言书及文学作品中，认为商相伊尹、王子财神比干、宋相范仲淹、开封府尹包拯（范包二人时代重叠）、文天祥和白蛇传男主角许仙的儿子许仕林等皆为文曲星转世。

“流星”的最早记载

中国古人对流星雨、流星的记载，也早于其他民族。古书《竹书纪年》中写道：“夏帝癸十五年，夜中星陨如雨。”世界上天琴座流星雨最早、最详细的记录，见于中国的《左传》：“鲁庄公七年夏四月卯夜，恒星不见，夜中星陨如雨。”对于公元461年南北宋时代出现的一次令人惊心动魄的天琴座流星雨，《宋书·天文志》做了十分精彩的记述：“大明五年……三月，月掩轩辕。……有流星数千万，或长或短，或大或小，并西行，至晚而止。”

在中国古人《新唐书·天文志》的记录中，英仙座流星雨出现时的壮丽情景，真扣人心弦：“唐开元二年五月乙卯晦，有星西北流，或如瓮，或如斗，贯弱极，小者不可胜数，天星尽摇，至曙乃止。”

中国古代的流星雨纪事达180次之多，其中天琴座流星雨记录了大约10次，英仙座流星雨大约12次，狮子座流星雨大约7次。

“黄道吉日”是什么意思

“黄道吉日”是用天干、地支记年、月、日，是我国特有的一种方法。这种历法，即是现在仍在用的农历，多记在《历书》即过去的《皇历》上。在老《皇历》上，除了干支记日外，同时把日期上又加上了另外12个字并成口诀。即：建满年好黑(黑道)，除危定执黄(黄道)，成开皆可用（黄道），闭破不能行（黑道）。就这样，人为地把每天划分成“黄道吉日”和“黑道凶日”。

首先，我们先人是根据日、月、地的运行规律来总结的，农历便是据此排列，直到现在还在指导着农耕。古人把人也当做自然界的一分子，根据星球运行的位置产生的影响归结出来，指导人们的生产实践活动。

日晷是什么

日晷，又称“日规”，是我国古代利用日影测得时刻的一种计时仪器。其原理就是利用太阳投射的影子来测定并划分时刻。

利用太阳投射的影子来测定时刻的装置又称“日规”，是我国古代利用日影测得时刻的一种计时仪器，通常由铜制的指针和石制的圆盘组成。铜制的指针叫做“晷针”，垂直地穿过圆盘中心，起着圭表中立竿的作用，因此，晷针又叫“表”，石制的圆盘叫做“晷面”，安放在石台上，呈南高北低，玉日晷使晷面平行于天赤道面。

这样，晷针的上端正好指向北天极，下端正好指向南天极。在晷面的正反两面刻画出12个大格，每个大格代表两个小时。当太阳光照在日晷上时，晷针的影子就会投向晷面，太阳由东向西移动，投向晷面的晷针影子也慢慢地由西向东移动。晷面的刻度是不均匀的。于是，移动着的晷针影子好像是现代钟表的指针，晷面则是钟表的表面，以此来显示时刻。早晨，影子投向盘面西端的卯时附近。接着，日影在逐渐变短的同时，向北（下）方移动。当太阳到达正南最高位置（上中天）时，针影位于正北（下）方，指示着当地的午时正时刻。午后，太阳西移，日影东斜，依次指向未、申、酉各个时辰。

漏刻——古代计时工具

漏刻是古代的一种计时工具。漏刻的计时方法可分为两类：泄水型和受水型。漏刻是一种独立的计时系统，只借助水的运动。后来古人发现漏壶内的水多时，流水较快，水少时流水就慢，显然会影响计量时间的精度。于是在漏壶上再加一只漏壶，水从下面漏壶流出去的同时，上面漏壶的水即源源不断地补充给下面的漏壶，使下面漏壶内的水均匀地流入箭壶，从而取得比较精确的时刻。

仰仪是——一种天文观测仪器

仰仪是我国古代的一种天文观测仪器，由元朝天文学家郭守敬设计制造。

仰仪是采用直接投影方法的观测仪器，非常直观、方便。例如，当太阳光透过中心小孔时，在仰仪的内部球面上就会投影出太阳的映象，观测者便可以从网格中直接读出太阳的位置了。尤其在日全食时，它能测定日食发生的时刻，利用仰仪能清楚地观看日食的全过程，连同每一个时刻、日食的方位角、食分多少和日面亏损的位置、大小都能比较准确地测量出来。这架仪器甚至还能观测月球的位置和月食情况，被称为“日食观测工具的鼻祖”。

因此，仰仪是很受古代天文工作者喜爱的一种天文观测仪器。仰仪流传到朝鲜和日本后，取消了璇玑板，改成尖顶的晷针，从而成为纯粹的日晷，被称为仰釜日晷。

浑仪——一种天文观测仪器

浑仪是我国古代的一种天文观测仪器。在古代，“浑”字含有圆球的意义。古人认为天是圆的，形状像蛋壳，出现在天上的星星是镶嵌在蛋壳上的弹丸，地球则是蛋黄，人们在这个蛋黄上测量日月星辰的位置。因此，把这种观测天体位置的仪器叫做“浑仪”。

最初，浑仪的结构很简单，只有三个圆环和一根金属轴。最外面的那个圆环固定在正南北方向上，叫做“子午环”；中间固定着的圆环平行于地球赤道面，叫做“赤道环”；最里面的圆环可以绕金属轴旋转，叫做“赤经环”；赤经环与金属轴相交于两点，一点指向北天极，另一点指向南天极。在赤经环面上装着一根望筒，可以绕赤经环中心转动，用望筒对准某颗星星，然后，根据赤道环和赤经环上的刻度来确定该星在天空中的位置。

后来，古人为了便于观测太阳、行星和月球等天体，在浑仪内又添置了几个圆环，也就是说环内再套环，使浑仪成为多种用途的天文观测仪器。

地动仪的发明者是谁

公元132年，在京师（河南洛阳）盛传着一个惊人的消息，说太史令张衡发明了一种仪器，可以测到发生地震的时间和方位。但也有人不相信，认为地震发生在几百里以外，人怎么能测出来呢?

张衡生于公元78年，死于139年，是我国古代杰出的科学家。他在数学、天文、地震等方面，都有突出的成就。张衡发明的仪器叫地动仪，这是世界上第一架地震仪。据《后汉书》记载，地动仪以精铜铸造而成，圆径达八尺，外形像个酒樽，机关装在樽内，外面按东、西、南、北、东北、东南、西南、西北八个方位各设置一条龙，每条龙嘴里含有一个小球，地上对准龙嘴各蹲着一个蛤蟆，昂头张口，当任何一个方位的地方发生了较强的地震时，传来的地震波会使樽内相应的机关发生变动，从而触动龙头的杠杆，使处在那个方位的龙嘴张开，龙嘴里含着的小球自然地落到地上的蛤蟆嘴里，发出“当当”的响声，这样观测人员就知道什么时间、什么方位发生了地震。

公元138年3月1日，这台地动仪西方的龙嘴张开了，球“铛”的一声落到蛤蟆嘴里，测知洛阳以西发生地震。但由于洛阳没有感到震动，所以很多人议论纷纷，说这台仪器不准。几天以后，信使飞马来报，距离洛阳以西一千多里的陇西（甘肃东南部）发生了大地震，这才使朝廷内外“皆服其妙”。

参考文献

[1]《微经典》编委会.不可不知的中华民俗常识[M].北京：江苏美术出版社，2015.

[2]星汉.不可不知的3000个文化常识[M].北京：中国华侨出版社，2011.

[3]包朗.中人文常识全知道[M].北京：中国纺织出版社，2013.

[4]紫妩晴.万事万物由来知识全书[M].北京：中国纺织出版社，2012.

[5]中华书局编辑部.中国人应知的国学常识（插图本）[M].北京：中华书局，2010.